U0131676

吴娟瑜——

著

操控型父母的
内心世界

台海出版社

北京市版权局著作合同登记号：图字01-2021-4272

本著作通过四川一览文化传播广告有限公司代理，由出色文化事业出版社授权出版中文简体字版，非经书面同意，不得以任何形式任意重制、转载。

图书在版编目（CIP）数据

操控型父母的内心世界 / 吴娟瑜著. -- 北京 ：台海出版社，2021.12
　ISBN 978-7-5168-1909-8

Ⅰ．①操… Ⅱ．①吴… Ⅲ．①家庭教育 Ⅳ．①G78

中国版本图书馆CIP数据核字(2021)第232739号

操控型父母的内心世界

著　　者：吴娟瑜

出 版 人：蔡　旭
责任编辑：赵旭雯

出版发行：台海出版社
地　　址：北京市东城区景山东街20号　　　邮政编码：100009
电　　话：010-64041652（发行，邮购）
传　　真：010-84045799（总编室）
网　　址：www.taimeng.org.cn/thcbs/default.htm
E－m a i l：thcbs@126.com

经　　销：全国各地新华书店
印　　刷：北京世纪恒宇印刷有限公司
本书如有破损、缺页、装订错误，请与本社联系调换

开　　本：710毫米×1000毫米　　　　　1/16
字　　数：150千字　　　　　　　　　　印　　张：16.5
版　　次：2021年12月第1版　　　　　　印　　次：2021年12月第1次印刷
书　　号：ISBN 978-7-5168-1909-8

定　　价：58.00元

CONTENTS

PART

个人潜意识里的恐惧

只要警觉到是自己的恐惧感造成了家庭纷争，并决心改善，亲子之间一定可以和解。

1 控制感：缺乏安全感的虎爸　　　　002

如果家长有以下三种行为模式：管得多、骂得凶、打得重，基本上已进入控制狂、虎爸虎妈的行列，他们不看重孩子的感受，只会以高压策略压迫子女照章行事。

2 完美感：抱持优越感的家长　　　　008

自视完美的家长，往往要等到自己遭受重大挫折，抑或是子女出现离家出走、罹患抑郁症等严重问题时，才会开始自我反省和调整。

PART

原生家庭潜意识里的恐惧

养育子女的过程中要时时警惕，绝不能把个人的恐惧投射到子女身上，更不能要求他们去弥补自己的童年遗憾，否则会造成亲子关系的紧张。

PART

原生家族潜意识里的恐惧

为了孩子的幸福着想，我们要及时表达自己的想法，和上一代协调出更理想的教育方式，让孩子免受原生家族负面潜意识的伤害。

PART

集体潜意识里的恐惧

生活中充斥着"以讹传讹""自以为是"的想法，有些出于不自知的恐惧，我们却深受影响。

PREFACE

自
序

我们在担心什么？

我们在生命丛林里寻寻觅觅，而潜意识仿佛一团迷雾，当被它遮蔽双眼时，我们总是慌了手脚，甚至因此跌跌撞撞、迷失方向。其实，唯有镇定心神、向内探索，才有拨云见日的一刻。

潜意识的四种类型

精神分析学家弗洛伊德将人格结构比喻为"冰山"，而根据心理学研究者的推论，涵盖行为和情绪反应的意识层面如同浮出水面的冰山尖角，只占 4% 左右，隐藏在水下的 96% 则属于潜意识领域。潜意识占据内心世界这么大的比例，我们却所知有限。很多时候，父母对子女说出严苛的话语或面露不满的神情，其实是受到深藏在潜意识里的经验和价值观影响。

如果这些经验和价值观负面居多，传递给孩子的信息自然就以负面居多。值得注意的是，在这些潜意识中的负面信息中，占比最大的就是"恐惧"了。如果父母的潜意识中带有恐惧，往往会以愤怒、自责、推卸、漠视、过于严厉等表现，并宣泄在子女身上，引发亲子之间的冲突。如果想要改善亲子关系，实现良性沟通，首要任务便是增进对潜意识的了解。

在本书中，为了帮助读者们学习、辨认，我把潜意识分为以下四种类型来探讨：

①个人潜意识里的恐惧
②原生家庭潜意识里的恐惧
③原生家族潜意识里的恐惧
④集体潜意识里的恐惧

"我"在担心什么？

什么是"个人潜意识里的恐惧"？以我为例，我总是对两个儿子晚归莫名担心。在他们求学阶段，我是一个爱操心的妈妈。如果他们在该到家的时间却不见人影，我就会到巷口探望、打电话询问同学妈妈，或在客厅坐立难安。

待儿子一进门，我立刻追问："你为什么这么晚到家？""你去哪里了？不要骗我，不要以为我不知道。""你的同学一个小时前就到家了，你怎么那么慢？"

我会连珠炮般地追问，表面上是关心儿子，实际是潜意识里的恐惧发作了，我担心孩子被坏人带走，担心孩子出事，担心孩子说谎骗我……

我多么希望能做一个全然信任孩子的妈妈，也不断提醒自己——孩子进门时，要和颜悦色地打招呼；沟通时，要聆听孩子的心声，说不定他有难言之隐，或者是被老师留下来帮忙……

然而，我总是等不及孩子开口，脱口而出的话语和紧张兮兮的神情就先令孩子反感，使得原本一脸笑嘻嘻的孩子突然勃然大怒，甚至气冲冲地重重甩上房门。

多年来，我一直未能察觉自己内心的担忧和不安，直到大儿子布里奇参加工作、搬出去住，我还常打电话急着找人："你在哪里？为什么不接电话？"连我到海外做巡回演讲，依然会打长途电话找小儿子奥瑟：
"你还好吗？家里都好吗？"

对于我的紧迫盯人，布里奇曾抗议说："妈，你是控制狂！"而已
婚的小儿子则说："我都已经做爸爸了，你还这样，烦不烦啊？"

逐日成长的我终于能明白他们的心情了。

担心来自缺乏自信

在我的认知里，我和两个儿子的互动是基于第一种类型"个人潜意
识里的恐惧"，不是"原生家庭潜意识里的恐惧"（我爸妈不会追问我
的行踪，也从不讲担心的话），不是"原生家族潜意识里的恐惧"（我
爸妈的双亲也不会对他们唠叨或过度担忧）。至于"集体潜意识里的恐惧"，
我或多或少受到绑架事件新闻的影响，但我认为以"个人潜意识里的恐惧"
居多。

"个人潜意识里的恐惧"源于我自信不足、性格软弱，做任何事都
战战兢兢，害怕别人不满意，担心自己辜负别人的好意。这样的畏缩和
不安，表现在夫妻关系上，就是常因不服输而和老公争吵；表现在亲子
关系上，就是对孩子叮咛再叮咛、追问再追问。因为我，家里总是弥漫
着担心的气息，彼此的关系也十分紧张。

有察觉就有成长，有成长就有改变。成为婆婆之后，我见识到儿媳教导有方，从不见她慌张地等候孩子放学回家，也未曾听她焦躁地逼问孩子行踪。反躬自省后，我也开始调整与儿子们的互动模式。

每个人有不同的潜意识恐惧，看见了，就容易调整；知道了，就容易破解。如同置身迷雾森林中，只要定心定意，就能从微光中找到方向。

我关心亲子教育四十多年，在世界各地巡回演讲六千多场。接触面广，让我发现很多父母共同的隐忧——明明爱孩子，却做出"毒害"孩子的行为而不自知。

我渴望引导大家从探索潜意识四个面向影响的过程中，了解"毒亲效应"（指错误的亲子相处所造成的遗憾和悲剧）的后果，尽快找到自觉改正的成长之路。

FOREWORD

前言

直面内心的恐惧

潜意识是人类成长的美好园地，里面有取之不尽的生命信息，但多数人把它视为压抑、未知的荒地，漠视了它的重要性。

玩具蟑螂实验

初春暖阳令人心神惬意，正在森林公园漫步的我，不知不觉来到亲子游乐区，见到许多家长带着孩子荡秋千、玩沙坑和滑滑梯。

其中有一对年轻父母带着一岁多的小女孩。小女孩正兴奋地要拉着妈妈冲向滑梯。"不行，你还小，会摔下来的！"妈妈疾言厉色地说，一旁的爸爸也附和道："你忘了上次摔痛了，还哭呢！"

这些"你还小""会摔下来""痛""哭"等字眼，像一道道魔咒，当下就进入了小女孩的潜意识，从此如影随形。此刻她似乎听过就忘，忙着去玩其他游戏，但今后只要靠近滑梯，深植在潜意识里的恐惧可能就会出来作怪。

曾有个关于幼童的心理实验，探索孩子的性格和父母的教育态度是否相关。研究人员把一群幼童分成 A、B 两组，然后请 A 组的父母在每次孩子回头找他们时，就拍手和微笑。

接着，研究人员在蹒跚行走的 A 组幼童前方放了一只玩具蟑螂，这个年纪的孩子不认识蟑螂，因而感到不安，便立刻回头找父母，一见到父母笑嘻嘻地拍手，他们又充满信心地继续向前走。

B 组的父母则被要求在每次孩子回头找他们时，就立刻做出惊恐的表情。果不其然，当 B 组幼童看到玩具蟑螂而回头时，看到父母的模样，他们就改用爬行快速地回到父母身边，或站在原地哭。

孩子会长成我们描述的样子

如果有一种魔镜可以让父母提前浏览孩子的一生，那么当父母发现自己的某一句话、某一个表情或某一个决定，使得孩子常年抑郁或性格压抑，一定会心惊胆战。

正常的父母不会故意去刺激子女、伤害子女，如同前述实验里那样，当看到自己的情绪反应会影响到孩子的自我认知和行为模式时，相信他们今后会给予孩子更多的正面回应和鼓励。

我和天底下所有的父母一样，都是在摸索中学习，而且孩子的先天气质和身心发展迥异，教育的经验也不同。

"把孩子教成有用的人才"，这是为人父母的共识，但是如何教？教对了吗？前面阻止小女孩滑滑梯的父母当然爱女心切，只不过，他们并未察觉自己的言行会给女儿成长带来负面影响。

潜意识里的恐惧从何而来？

我们可以通过探索潜意识来调整亲子关系。在心理学中，"潜意识"一词是指受到意识压抑，潜藏在意识层面下而不被个人察觉的情感、欲望、恐惧等心理状态。

从亲子教育的角度来看，父母说出的话、表达的想法，还有脸上流露出的神情，仿佛是意识层面的行为，其实绝大部分来自潜意识层面的恐惧，大多数人并不自知，以致衍生出许多亲子冲突。

不要传递恐惧给孩子

有一次，我去楼下取快递，在电梯里遇到一对母子，五岁多的小男孩正确按了楼层数，却被年轻的妈妈制止："你不要乱碰！万一你把大家关在电梯里了，那怎么办？"听完，我心里一惊，这不就是大人把自己的恐惧转移到孩子身上吗？请别再被潜意识操控了！

我们可以对孩子说："谢谢你帮忙按电梯。"或者说："你按对了呢！"也就是"就事论事"地传递信息，而不是加以批评或指责，还把曾经有过的恐惧感"偷渡"过去。

我们明明希望教出积极、乐观、上进的子女，却在不知不觉中被潜意识中的恐惧扯了后腿，孩子也会深受感染，从而变得消极、悲观、退缩。

为人父母者岂可忽视潜意识里的恐惧？

为了在亲子教育这条路上稳步前进，让我们把"察觉自己的行为"当成日常功课，深入探索潜意识吧！

PART

个人潜意识里的恐惧

只要警觉到是自己的恐惧感造成了家庭纷争，

并决心改善，

亲子之间一定可以和解。

控制感：
缺乏安全感的虎爸

陈董坐在校长室等候老师和同学，身处空调房，他仍焦虑紧张到满头大汗。

王校长是一位治校有方的女士，她坐在陈董旁边，善解人意地说："陈爸爸，喝杯水吧！"

见陈董陷入沉思，毫无反应，王校长自己先喝了一口水，说道："发生这种事，大家都很遗憾，辅导室对班上同学进行了心理咨询，希望大家尽早平复心情，正常上课。"

这时，老师和两位男同学走了进来。

两位同学垂头丧气，老师约莫四十岁，显然心情不佳，她把手上一张海报放到腿上，说道："陈爸爸，那天我是按照学校规定打的电话。如果学生八点后还没到校，就要和家长联络，没想到……"

"魏老师，我没怪你，我来是想多了解一下进义，他在想什么？他到底想要什么？为什么他和我相处时总是在生气？我在上海有工厂，员工两百多位，大家都听我的，自己的儿子却这么叛逆。我没收他的iPad有错吗，哪有人整天只会上网的，他不用念书吗？"陈董一吐为快，"他用跳楼来惩罚我，他要我难过一辈子，他……他……他为什么要这样对我？"

原本还气愤难平的陈董，突然像小男孩一样掩面抽泣。

一位男同学安慰道："陈爸爸，其实进义很爱你，可能只是一时冲动，不是想惩罚你。很多同学都会跟家长吵架的，我和我老爸也是啊！"

另一位男同学也安抚道："陈爸爸，进义虽然会跟你起冲突，但私底下是想跟你好好相处的，他还跟我们说过小时候最喜欢和爸爸妈妈出去玩。"

听人提到前妻，陈董又眼眶一红，他知道让前妻离开是一生最大的错误。当年刚到上海创业，白天在公司忙得不可开交，晚上还要跟客户应酬喝酒，根本没有多余心力再关心家庭。听到前妻在电话里抱怨婆媳问题，他只会怪她不够体谅；听她谈起"儿子的童年只有一次"，希望他多回来陪伴儿子，他也会用一句"我尽量找时间"敷衍了事。

终于，前妻不想再过伪单亲的生活，离开了几乎不见男主人的家。

但陈董依然故我，又把抚养儿子的事交给自己的母亲，继续埋头工作。因为他从小家境贫穷，总被人看不起，成年后就一心追求事业成功，想做人上人扬眉吐气。直到儿子那天和他大吵一架之后，永远地离开了，他才知道一切都来不及了。

见陈董痛悔不已，魏老师无能为力地和王校长互望，她只能说些进义在校的点点滴滴，帮助这位伤心的父亲多了解孩子："进义是个好孩子，话虽不多，但和同学们相处融洽，大家都很喜欢他。他走了，我们都很震惊，也很舍不得。"

说到这里，魏老师打开了腿上的海报，上面有进义灿烂的笑脸，有他和同学们嬉闹时的合照，还有满满的字句，诉说着对进义的怀念。"这张是要送给陈爸爸做纪念的。"魏老师说。

"谢谢大家！我从不清楚进义有这一面。我对他期望很高，不是打，就是骂，他不听话的时候，还把他关进厕所，要他反省。所以，他小时候很怕我，长大后也跟我不亲。"

"请问？"

陈董心头一直有个不解的谜题。自从事情发生后，他多日失眠，母亲责怪他，前妻怨怼他，他也和自己过不去。"那天他跳下去前，隔着房门跟我说了一句：'爸爸，你愿意听我说吗？'我当时还在气头上，又骂了他一顿，然后就发生了这样的事。我想知道，他当时究竟想跟我说什么？"

校长室内一片静默，大家陷入沉思。一个受到严格教育的孩子，究竟想跟爸爸说什么呢？

（ 个 人 潜 意 识 里 的 恐 惧 ）

——

要孩子服从管教以免人生出错

陈董为何以虎爸姿态对待儿子？他潜意识里有着什么恐惧呢？

其实，像陈董这样童年经历过苦日子的人，不想再过被他人欺凌、被左邻右舍排斥的生活，潜意识里往往隐藏着好强、不服输的念头。

对于子女，他们内在的恐惧是——孩子不够努力，将来无法在社会上立足。于是形成控制性格，一味要求孩子按照他们的期许做事。当孩子表现得不如预期，他们就会"恨铁不成钢"，进而严厉责罚。

但是，用"听我的准没错"这种想法和家人相处，只会引来"敢怒不敢言"的互动方式，无法看清家庭关系的真相。

如果家长有以下三种行为模式：管得多、骂得凶、打得重，基本上已进入控制狂、虎爸虎妈的行列，他们不看重孩子的感受，只会以高压策略压迫孩子照章行事。

离婚后的陈董把儿子交由奶奶照顾，但隔代教育终究不及父母教育。待陈董回家，看到儿子生活散漫，成天上网，一时气愤，又用"管得多、骂得凶、打得重"三招，也难怪儿子会紧锁房门，以致发生悲剧。为人父者再也没有机会修复亲子关系，再也无法听到孩子真正的心声，徒留追悔莫及的遗憾。

（ 成 长 笔 记 ）

倾听孩子的心声

在父子关系上，陈董打了一场败仗。孩子已离开，似乎生命无法翻转了。身为家长、老板并非永远是对的，一定要反思自己在亲子关系中疏漏了什么。陈董应该问自己：

①儿子为何害怕靠近爸爸？他也有潜意识里的恐惧吗？

②孩子沉迷网络是为了转移寂寞的感受吗？

③"你愿意听我说吗？"儿子的最后一句话其实是在求助，爸爸听得懂吗？

虽然逝去的生命已不能挽回，但陈董仍需要反思和调整，这样才有可能稍微弥补内心的遗憾呀！

完美感：
抱持优越感的家长

美忆是一个十五岁的高中生，和平常的好学生一样，她举止端庄，仪容整齐，但通常面无表情，看不出来开不开心。

有一天，美忆的妈妈接到校方来电，说是女儿有情绪障碍，校方准备安排每周一次的心理咨询，希望家长出席参加。

咨询日当天，身穿黑色套装的陈妈妈疾步走进教学楼，名牌高跟鞋发出的刺耳声响在走廊回荡许久。一进咨询室，她尚未坐定，就连连抱怨："你们知道我多忙吗？这周有位欧洲的重要客户来访，股东会也快要开了，我忙得抽不开身……咦？怎么没看到美忆她爸？你们没通知他来吗？孩子又不是我一个人的！"

原本低着头若有所思的美忆被这一阵聒噪吵到，抬头望了一眼，又迅速垂下头。她的神情复杂，看不出是嫌弃还是失望。

美忆已经很久没有好好看看妈妈了，两人即使有机会见面，也很少是其乐融融的场面。妈妈不是把成绩单丢在地上，连签个名也不肯，就是强迫她喝下两杯牛奶。今天也是，人是来了，却不情不愿，好像把她当作麻烦了。

一旁的导师看出端倪，立刻打圆场说："陈妈妈，我们知道你很忙。可是，美忆长期失眠，上课时常精神不集中，而且还有失语的情况，问她事情，她不是摇头不语，就是低头掉泪。"

"怎么可能？我的女儿我很清楚，才不像你们说的那样。她从小跟我一样，倒头就睡，而且我们常常聊天，她才没有失语的问题呢！"

此时，咨询室是一片尴尬的沉默。

陈妈妈头脑聪颖，反应敏捷，从小到大一直拿第一名，念书对她而言易如反掌。她在美忆小学阶段还能耐心陪读，让美忆的成绩一直保持在前三名。

美忆上高中后，夫妻因感情不和离了婚，陈妈妈开始创业，生意越做越大，母女之间却越来越疏远。

"你有不会的功课就来问我，我当年可是大学里的学霸，高中的功课难不倒我的。凭我的基因，你一定可以考进名牌大学。"

自认高人一等的妈妈要求女儿也争第一。每次深夜下班回到家，从美忆卧室的玻璃窗望进去，看到女儿坐在书桌前用功的身影，她便能安心睡觉。

提起这扇玻璃窗，陈妈妈就得意，认为自己想了一个妙计，让女儿不用开门，自己也能将房间一览无遗。她却不知道，这么做严重侵犯了孩子的隐私，逼得美忆用沉默表示抗议。

平时，陈妈妈最爱挂在嘴上的就是"你没有妈妈聪明，我会帮你"。每当美忆对她的要求面有难色，她也只会说"等你长大就会懂，这一切都是为你好"来勉强孩子，全然不顾孩子的感受。

她没察觉到，这些自以为是的话语并没让女儿感到支持和安慰，反而越来越退缩，直到校方通知她女儿出了状况，她才终于意识到——自己并不完美，关于教育这一门学问，她完全不及格。

（个 人 潜 意 识 里 的 恐 惧）
————

孩子完美才不会破坏父母的完美

有着完美感的人自我要求很高，也确实一步步达成人生目标，有了下一代之后，他们自然就希望子女套用自己的成功模式。如果子女达不到完美标准，他们就会着急。

这类父母潜意识里的恐惧是害怕自己的完美遭到子女破坏，他们忘了"做事"虽能要求自己完美，"做人"却要放宽标准，尤其是对待自己的孩子。在拥有完美感父母的眼里，孩子如何努力都过不了关，可想而知，亲子之间注定永远无法快乐。

一直以来，美忆的妈妈都没能看出自己的教育盲点，也未能深入察觉。当她说出"如果你不够好，就让我来帮你、改变你""我的女儿哪有这么笨"的时候，潜意识里其实隐藏着恐惧，害怕女儿达不到自己的期望，害怕女儿让自己丢脸。

这种恐惧会在家中蔓延，有能力的孩子警觉后会尽早离家去寻找自我；而像美忆这样无力对抗或不清楚哪里出了错的孩子，就会被困在另一种潜意识恐惧中——怎么追都追不上妈妈，我真的很笨、真的不够好吗？

（ 成 长 笔 记 ）

别用完美主义打击孩子

这种自视完美的家长，往往要等到自己遭受重大挫折，或通过成长察觉到自己的错误，抑或是子女出现离家出走、罹患抑郁症等严重问题时，才会开始自我反省和调整。

美忆的妈妈去学校咨询室，是直面问题的第一步。她愿意认真采纳校方辅导老师的建议，愿意面对心灵深处的恐惧，才有机会了解女儿的真实情况，并发现原来女儿的失眠、失语、痛苦，全都和妈妈的自命不凡有关。

匮乏感：
在孩子身上弥补缺憾

圆满的独生女儿上了高中后，母女战争愈演愈烈。她百思不得其解，于是来找我咨询。

圆满生长在父母忙着做生意又为钱争吵不休的家庭，父母因为忙碌，没空和孩子亲密互动；因为吵架，也没有心思聆听她的感受。

"我的家境比同学好得多，但我的内心很空虚。放学会有外公或外婆来接我，假期有念大学的小姨来陪我。晚上我经常一个人在家，实在觉得孤单时，会站在大门前，眼巴巴苦等爸妈回来，但他们通常都是在我睡了才到家的。好几次深夜，我被他们吵架的声音吓醒，听到他们闹离婚，我就躲在被窝里一直哭。"

圆满说她的名字是一个讽刺，应该改名叫"空虚"。她早早就下定决心，将来有了自己的孩子，必定全天候陪伴，也要尽量满足孩子。

圆满在婚前有两位追求者，但她最终选择了经济宽裕的对象，而不是心灵契合度高的那个。因为她看出只有这样，才能在以后不愁吃穿的情况下，给孩子提供好的教育，自己也不用工作，可以全身心地守护孩子。

爱情和面包之间，圆满选择了后者，婚后的物质生活确实优渥，独生女贝贝也得到全然呵护。她自信给了女儿无微不至的照顾，她经常对贝贝说："你换这套衣服吧！妈妈觉得比较适合你。""听妈妈的话，你应该去补数学。""你不要老去同学家，万一……"

每次贝贝开口要求"妈妈，我要……""妈妈，我想……"，话还没说完，圆满就立刻插嘴道："我已经安排……""我已经订好……"

没想到，她的关照在女儿这里却是负担。有一次，贝贝气呼呼地抗议说："妈妈，你可不可以不要这样？我都还没想清楚，你就先帮我处理好了，我的生活自理能力很差，你没发现吗？"

圆满只当女儿乱发脾气，还责备她不知好歹。直到在咨询中厘清母女关系时，她才承认——这些年来，她渴望提升女儿的幸福感，却浑然不知自己做错了。

贝贝常说："我是同学中生活能力最差的，不会自己坐公交车，不会上图书馆借书，不敢一个人到超市买东西。"

圆满不解地问我："我明明是想帮女儿强化能力，考前能好好复习，假期有陪伴，怎么反而说我弱化了她？"

（个人潜意识里的恐惧）

担心孩子匮乏而不断给予

如果一个人的心里有个无底洞，不管怎么填补也不会满足，还容易误会孩子心里也有个无底洞，需要父母不停地给予。殊不知，给予孩子只是父母想要的，不见得是孩子想要的。

傻傻接受的孩子，长大后仍会不停索取，成了家庭的负担。及早知道反抗的孩子，会拒绝父母自以为是的付出，反而能拯救自己，也有机会让父母及时收手。

许多有过童年匮乏经历的大人，潜意识里有着害怕被忽略的恐惧，年纪尚小时，不会沟通，也不懂得争取，这份恐惧便日渐内化成一个虚假的巨人；长大后，就自认可以通过"给予""喂养"类似的弱者，来弥补童年的缺憾。

针对这样的状况，设立界限就非常重要。子女是独立个体，有着先天差异，需要不同的教育方式；而父母在童年的匮乏要通过自我成长来弥补，向子女取暖只会模糊焦点。

圆满听了我的建议后，意味深长地说："以前，我爸妈为我做得太少；现在，我为女儿做得太多。难怪我老公常念叨我——放手让女儿成长，她才能学会照顾自己。"

（ 成 长 笔 记 ）

——

理解上一代的无能为力

因为童年缺乏亲情，让圆满产生匮乏的感受，她必须先看清这点，才能从"受害者"的角色中挣脱。

圆满不妨找时间问问父母：

①当年父母夜以继日地工作，是因为社会压力，还是受家庭环境影响？

②童年时，她听到父母半夜争吵总是惊恐万分；如今，自己也有了家庭，不妨听听父母对婚姻、伴侣的看法。

这不是为了解决上一代的问题，而是理解各自的困境，以逐渐淡化自己童年的匮乏感。当然，如果有机会在团体中分享，也是一个绝佳的成长途径。

总之，女儿渴望做自己，期盼自我实现，妈妈就要留给她摸索、学习的空间。不要太靠近，亲子关系才能更上一层楼。

界限感：
孩子不是你的另一半

　　妈妈爱自己的孩子不是天经地义的事吗？秋云一直不能理解为什么儿子如此排斥她的爱，还乱发脾气？

　　"什么叫'乱'发脾气？"我好奇秋云为何会加"乱"这个字。

　　秋云直接举例："周末，他从大学回来，一进门，我冲去抱他，他却拒绝我，还很不高兴地说：'你不要抱我！'有一次，我有东西忘在浴室，要回去拿时，他已经进去洗澡了。我要他开门，他说已经脱了衣服，要我等他洗好再说。我不想等，便说：'我是你妈，从小看到大，有什么关系？'结果，他大叫道：'不要侵犯我的隐私！'"

"难怪他要生气啊！"我也觉得秋云的做法有点不妥。但她仍一脸困惑，看来是还没弄清亲子之间的界限。

孩子是需要私人领域的，他的心事、身体、储蓄、知心好友……如果不主动提及或不想被靠近，就代表他不想被窥探、干涉。

"可是，从他小时候我们就抱来抱去的，为什么现在不行呢？我老公也说儿子上大学后，不太理我们了。"

我给秋云分析，母子和父女的关系通常会有些微妙，尤其是在孩子进入青春期后，因生理和心理上的转变，会对父母产生抗拒。这时，如果父母不清楚个中原因，一味向孩子问东问西，或身体紧紧挨着孩子，孩子肯定会大发脾气或直接跳开。

"难怪儿子常对我说'妈，保持距离，以策安全'。我还以为他讨厌我了。原来从男孩转变成男人时，需要身体的独立性。"

秋云终于解开对亲子肢体接触的疑惑，但还有一件事让她百思不得其解。她说儿子最近常抱怨："都是你一直让我念书，不准谈恋爱，害得我现在和女生讲话都有困难。"

秋云不服气地问我："我为他找补习班，给他做饭，让他考上理想大学再交女朋友。结果，他上周回到家和我大吵一架，说是和喜欢的女生相处时讲不出话。"

秋云的儿子显然有社交方面的困扰。我问秋云："你儿子没参加过夏令营吗？也没参加社团，没和女同学合作过吗？"

只见秋云频频摇头，我开始同情起她儿子。她儿子错过了青春期和异性最纯真的交流，整天念书、补习，难怪直到二十岁仍无法自在地跟异性相处。

秋云懊恼自己对儿子管得太宽，干涉了他的成长空间，儿子一堆怨言，她对此也束手无策。

（个人潜意识里的恐惧）
——
想通过黏着孩子来忘掉孤单

除了适度给予孩子空间，新时代的父母还必须协助孩子培养以下五大能力：

①情绪管理能力

②沟通表达能力

③创意思考能力

④问题解决能力

⑤自主前瞻能力

秋云说："我很惭愧，老公忙于事业，我一个人整天绕着儿子团团转，只知道要让他把功课学好，考上好学校，完全没注意到他其他能力的欠缺。"

"不对，这五项不是其他能力，是核心能力，是更需要培养的能力。将来进入社会，可能就不再有考试，不用再追求分数，但这五种能力能让他受用一辈子，让他如虎添翼、勇往直前。"我提醒秋云。

"那他怪我以前阻止他和女生交往，这件事该怎么办？"秋云仍然有些担心。

"对于这种指责不要照单全收，他已经二十岁了，应该承担一部分责任，而不能一味责怪父母。下次他这么说，你要即时回应'以前是以前，现在是现在，你现在可以在校园好好学习交友了'，把责任还给他，他才会往前一步。"

（ 成 长 笔 记 ）
———

给孩子空间就是给自己空间

秋云一直把儿子"定格"在童年阶段，亲子之间没有设立界限。作为母亲的她，没有及时调整心态，导致儿子的心理成熟度跟不上年龄的增长。

儿子离家念大学了，这是他独立成长的必经之路。借此契机，远离母亲的嘘寒问暖，远离母亲狭隘的相处模式，他才能突破自我，得以成长。

此外，秋云也需要在家庭外寻求成长资源，找机会和社团学员或好友亲近，才不至于让子女被迫成为"亲密伴侣"。

恐惧感：
把对丈夫的不满投射到
孩子身上

"没办法，没办法，我真的没办法对他好。"

说话的人是晓霏，穿着时尚、谈吐优雅的她，每每提到正值青春期的儿子，眉宇之间都是恐惧感。恐惧感来自内心深处的矛盾和冲突，当事人不见得清楚，却会通过言行举止表露无遗。

"为何无法接受自己的儿子？"我询问晓霏时，发现自己的言辞有些不当，立马改口问道："儿子带给你不好的感受了吗？"

"我也不清楚，可能儿子和我无缘吧！"

世上有很多不被父母疼爱的孩子，有的因出生后家道中落而被视为"瘟神"，有的因家中子女众多而受到冷落，还有的因长相丑陋或脾气太差而遭父母嫌弃。

晓霏的情况不在上述范围之内，她也不明所以，而她越是排斥儿子，儿子就越反感。有一回，儿子忍不住大声质问她："你每次都说'你看'，到底要我看什么？"

原来，晓霏有个习惯，只要看儿子不顺眼，就立刻吼他："你看！"这个习惯最早可追溯到儿子五岁左右。有一回，晓霏接到老公不回家吃晚饭的电话，挂断电话那一刻，她望着坐在客厅看动画片的儿子，大吼："你看！"

儿子一头雾水，又被妈妈一脸凶恶地呵斥，当场吓得哇哇大哭。只听一句"你看"，年幼的他怎能理解大人之间发生了什么不愉快，怎能猜到妈妈的心思。他只会纳闷自己到底犯了什么错才让妈妈暴怒，因而大感委屈。

"晓霏，你最想对儿子说的是什么？"被我这么一问，晓霏愣住了。起初，她只觉得每次说"你看"有不同的情况和原因，无法一言以蔽之，但如果要深究每次不满背后真正的感受……

沉思片刻，她说："可能是因为怀儿子时，老公怪我不肯跟他亲热，后来就在外头拈花惹草，三更半夜才回家。当时，我内心产生了极大的恐惧，害怕被老公抛弃，害怕婚姻破裂。

"当时，我只觉得两个人本来好好的，都是我怀孕后老公才变心的，如果没有儿子，我们夫妻就会跟以前一样亲密。所以，当老公说不回家吃晚饭，我就怀疑他是要跟外面的女人约会并认为'都是儿子害的'，就会吼儿子'你看'！

"加上公婆就住在附近，他们疼爱长孙，经常来探望，打乱了我的生活节奏，这件事我认为也是儿子害的。恶性循环下，亲子关系一直没能好转。

"渐渐地，当我在生活中有任何不如意，都会怪儿子。"

晓霏在训练营中一次又一次地自我探索，她逐渐理解儿子为何会怒吼她，显然也是承受了巨大压力。

晓霏说："当我说'你看'时，语气中都是责备，我也知道这样不对，但就是忍不住。有时候，我干脆不再往下说，感觉他应该会懂。"

"孩子年纪小，理解力有限，不见得完全懂大人的意思啊！"

（ 个 人 潜 意 识 里 的 恐 惧 ）
———

害怕老公离开，从而对儿子心生敌意

有些个人潜意识里的恐惧来自求生本能，例如：想躲避黑暗、陌生人、爬虫等；有些是害怕失去身边的人，因而出现连自己都没察觉到的举动。只要察觉到是自己的恐惧感造成了家庭纷争，并决心改善，亲子关系一定可以改善。

本案例中的晓霏就是因为害怕婚姻破裂，而不自觉地把不满投射到儿子身上，认为是儿子导致老公外遇。

背负让父母失和的罪名，孩子多么无辜啊！天下没有孩子会希望父母整天争吵，甚至导致家庭破裂的。

晓霏看到自己的负面情绪成为儿子的梦魇，决意改掉说"你看"的坏习惯，但仍没注意到自己面对儿子时的表情不堪入目。由此可见，她对儿子的心结尚未真正解开。

"夫妻关系紧张，是孩子犯的错吗？"

我反复问晓霏这句话。她从一开始的面无表情，到面露疑惑，再到低头不语，最后潸然泪下。

（成长笔记）

———

别让孩子为你的幸福负责

有些父母排斥某个孩子的同时，可能会偏爱另一个孩子，处理不当的话，就会导致手足阋墙。比如晓霏还有个女儿，两人相处毫无问题，也会不时聊聊心事。但她一见到儿子就眉头紧蹙，嘴角下垂，一脸不悦。

观察到这点之后，我便在训练营中请晓霏做了两项练习：

①拿一面镜子，观察自己的表情变化。她发现每回叫儿子的名字，或者喊"你看"时，自己都会表情僵硬、声调拔高。

②看着手机上儿子的照片，喊"儿子，我爱你"。说来也奇妙，一开始她还语调生硬，后来竟泪流满面，语调柔软并带有爱意。

经过一次又一次的练习，晓霏消除了潜意识里的恐惧，意识到自己害怕老公离去，而把目标转移到儿子身上，这是模糊焦点了。排斥儿子的同时，也排斥自己。不放过儿子，又如何放过自己呢？想要成长，终究要回到自己身上。

内疚感：
揠苗助长的新手妈妈

　　有一天，在训练营分享时，新婷突然眼眶一红，哽咽难言。我请她回想方才说的话，看看是哪一种感受触动了她的心弦。

　　当时，学员各自分享一个月以来的家庭作业。新婷提及上小学一年级的儿子怕黑，小脑袋里总想象黑暗深处藏着可怕的妖怪，连上个厕所也要大人陪。如果她大声呵斥，不准儿子怯弱胆小，他就会情绪失控、眼泪决堤。

　　过去，新婷每每看到儿子哭，都会不耐烦地说："你要勇敢，自己的家有什么好怕的？走走走，快去尿尿！快！"儿子越是畏怯退缩，她越是烦躁催促。

后来，训练营探讨人类怕黑的共同现象，同时谈到孩子在童年阶段的焦虑需要大人多加理解，新婷才恍然大悟，因自己对幼小无助的儿子如此苛刻而内疚。

新婷说："我好残忍，儿子都那样慌张害怕了，我还发脾气斥责他。"

新婷能够察觉自己的错误，这固然是好事，但如果一直深陷在内疚情绪里，对自己、儿子都有害无利。

新婷看到训练营的同学在生活习惯、游戏规则和亲子关系上都得心应手，好像只有自己对儿子的成长造成了阴影，心里既懊恼又焦急，她连忙问我："吴老师，怎么办？我来得及救我儿子吗？"

"问题没有你想象得那么严重，你该做的第一件事是停止内疚，这样才能继续前进。"

内疚的人内心有一把严格的戒尺，当看到孩子退缩不前，或遭到公婆、丈夫"连一个孩子都带不好"的责难时，内疚感就会加重。

"新婷，其实你是一个尽责的妈妈，你无时无刻不在关注孩子的身心发展，你希望调整教育的态度，这对孩子是有正面意义的。但如果你因为内疚感，为了补偿而过度呵护孩子，孩子反过来会过度索取，这也不是好事哦！"

听到这里，新婷赶紧收起因惭愧在眼眶里打转的眼泪，她深吸一口气，鼓起勇气问道："刚才想到儿子从小就被我错误对待，我心里很难过。现在听到如果因内疚感而补偿儿子，会造成反效果，那么，我究竟该怎么做呢？"

"父母一有内疚感，在态度、口气上往往就会讨好孩子，这会让孩子是非不分，甚至抓住父母的把柄进行情感勒索。不如我们就停止自责吧，往后用正确的方式来互动沟通就可以了。比方说，你儿子怕黑，以后就陪着他走过暗黑的地方，或者及时帮他开灯，让他能有安全感。这样一次、两次、三次……时间久了，他内心的恐惧自然就会消失了。"

新婷终于明白——接受自己的不完美、停止内疚，才能真正引导儿子积极面对困难。

（个 人 潜 意 识 里 的 恐 惧）

——

因懊悔而过度补偿

新手妈妈都渴望做好母亲，但因为经验不足或孩子难带，常常只能束手无策地望着哇哇大哭的孩子，内心自责不已。

有些孩子从小就懂得利用妈妈的内疚感，凡事先怪罪妈妈，让妈妈一生都在补偿孩子而不自知。

我经常见到原本努力学习的学员，因为意识到自己过去的错误教导造成亲子之间反目成仇，或者亲子关系不如预期，以致产生挫折感和内疚感，最后阻挡了成长的脚步。

挫折感是对事情的结果不满意；内疚感则是对自己极度地自责，对孩子有极深的愧疚感。这种个人潜意识里的恐惧，有百害而无一利，也会影响亲子关系的良好发展。

如果想要克服，必须建立三种心态：

①容许自己不是完美的父母，不断修正教育方式。
②容许孩子发生各种行为的可能性，只要亲子能共同成长即可。
③通过学习来修正亲子关系，同时逐步摆脱个人潜意识里的恐惧。

（ 成 长 笔 记 ）

允许自己和孩子在错误中成长

　　新婷调整的速度很快，当她有了正确的教育心态，不再带着内疚向儿子道歉，也不再停滞不前、茫然失措，儿子的身心发展也越来越稳定，不再像过去那样常对她说："你都不懂我。""你到底要我怎么做？"

　　当新婷在教育上收放自如，儿子也常开心地说："妈妈，谢谢！""好，我知道了。"

　　新婷将这段心路历程分享给老公，希望他能够理解她曾有过的心情，并支持她教育儿子的方式，变成能一起守护儿子的队友。

厌恶感：
为何会讨厌自己的孩子？

听到刚放学的女儿珊珊一进门就哇哇大哭，海惠立刻怒火中烧，但她也十分不解，为何做妈妈的她总是无法容忍女儿爱哭。

"怎么又哭了呢？谁欺负你啦？挨骂就骂回去，挨打就打回去啊！就只知道哭哭哭，我怎么会生出一个这么爱哭的小孩……"

就读小学一年级的珊珊在学校受了委屈，忍了一整天终于回到家，正想寻求妈妈的安慰，不料却遭遇"连珠炮"式的数落。伤心之余又多了失望，而且实在招架不住妈妈的猛烈攻势，于是，她只能躲进卧室放声大哭。

在训练营中，海惠讲到这件事时脸上难掩厌烦。她承认自己一直看不惯二女儿那副怯弱的模样，一点都不像自己——"从小就个头高，一直是同伴中的"大姐大"，如果要说霸凌，那也只有她霸凌别人的份儿，从来没想过有一天自己的女儿会受人欺负。她自认为，如果是她一手带大的孩子绝对不可能这样。

原来，海惠的大女儿出生后就体弱多病，紧接着二女儿珊珊又出生了，于是只好把珊珊交由婆婆照顾。婆婆是个退休的小学老师，很有耐心，和小朋友说话总是轻声细语的。在她的教育下，珊珊自然也长成一个温柔和善的孩子。

上小学前，珊珊回到了父母身边，但她已无法适应海惠的教育方式。跟婆婆一样讲话细声细气的珊珊，不太能适应这个说话宛如吵架的家庭。

海惠一直埋怨婆婆的教育方式，她说："现在这种时代，不凶一点就会被霸凌，连这点都不懂吗？我也不是要孩子去欺负别人，但至少受气了能反击呀！连保护自己都做不到，真是没用！"

说着自家二女儿"没用"，海惠的脸上满是不屑。

"你讨厌自己的女儿？"

"是呀！做事慢吞吞,说两句就掉眼泪,唉！我的耐心都快被磨光了,经常忍不住骂她'废物'。"

"她和另外两个女儿差别很大吗？怎么就这么不讨你喜欢？"

"我亲手带大的两个女儿都很霸气,是不会被人欺负的。早知道会这样,当初再辛苦也要自己照顾,她就不至于变成那样,一点也不像是我亲生的,我常常觉得她不是我的孩子……"

"千万不要这样讲,每个孩子都是宝贝,只有珍惜,没有放弃。"

听完我的话,海惠仍频频摇头,唉声叹气。

"如果你是她,你会有什么感受呢？你看得出来自己被妈妈讨厌了吗？你会不会想说如果能跟姐姐妹妹一样,就不会被同学欺负了呢？你会不会害怕连家人都排挤你、欺负你呢？"

在我的追问下,海惠终于静下心来。见海惠开始自我反思,我乘机追问:"孩子在学校里受到同学欺负,当然希望得到家长的关心和支持,这点你做到了吗？还是孩子回到家里又继续被欺负呢？"

"吴老师,你是说我欺负自己的女儿？"

"你说呢？"

海惠因震惊而哑口无言。

———

因为孩子性格不同而心生反感

女儿从小在家庭互动中寻找"母女镜像"关系，渴望通过母爱找到自我认同，是自然而然的。如果母亲强迫女儿服从，个人潜意识里有"我对—你错"的批判而不自知，将会令女儿痛苦不堪。

本来，海惠因为珊珊的性格和自己不同心生反感，屡次教导仍不见改变，更让她觉得"孺子不可教也"。直到我切入重点，引导她从珊珊的角度来看问题，她才逐渐突破盲点。像海惠这样说话直接的人，内心的厌恶感会表露出来，这就是珊珊自认为不得妈妈欢心而哭泣的原因。

身为妈妈，海惠对珊珊没有"厌恶"的权利，但她可以自我探索、自我调整，朝着修补母女关系的方向努力。

"当你接纳女儿，她反而有机会学习你的行事风格，成为刚柔并济的人，也就不容易被欺负了，你说是不是？"

听到有机会改变女儿的性格，海惠欣慰地点头。

（ 成 长 笔 记 ）

敞开心灵，让亲情升温

即便子女不符合父母的期待，父母也不该一味指责他们，而应该换一个角度来思考——是先天气质不一样？是学习方式不一样？还是人生目标不一样？

海惠察觉到自己把珊珊视为"婆婆教出来的弱小孩"，因而有诸多不悦和排斥。当她把珊珊放到"宝贝二女儿"的位置，给她一个合适的家庭序位后，母女关系得到了缓和。

后来，海惠热心地出席珊珊的班会，和珊珊的老师好好沟通，并到珊珊的班上担任"晨光妈妈"，讲故事、朗读励志短文。渐渐地，母女关系不但改善了，欺凌事件也没有再发生过了。

海惠明白了：珊珊是"不一样"的孩子，并不是"不好的"孩子。而珊珊获得了母亲的认可，也建立了自信，并学会为自己站出来，那些恶意攻击也就自然而然消失了。

无常感：
疏远孩子的单亲妈妈

　　李老师喜欢到不同地方代课，接触不同家庭背景的孩子。根据她的观察，小学三四年级的学生最好带。下课时，班上的小女孩总喜欢围在她身旁，有的帮忙拿本子和教具，有的叽叽喳喳，都想博得老师青睐。

　　明臻也是其中之一，但永远只是默默靠在老师身边，不开口也不跟人互动，尽管乖巧文静，却少了同龄小女孩的活泼。

　　"老师，她是哑巴，她都不说话的。"

听班长晓薇这么一嚷，其他同学也争相呼应。李老师正想请明臻帮忙拿手提袋，不料她却面无表情地转身走开。

"老师，不要理她，她一直都这样啦！"

"不可以这样说，同学之间要相亲相爱。"李老师制止了学生用言语攻击明臻的行为。

虽然嘴上这样说，但李老师观察到这孩子确实成天板着脸默不作声，对上别人的眼神时，还会立刻垂下头或移开眼，也难怪同学们不知如何与她相处。

见明臻缺乏同龄孩子该有的活泼开朗，又与班上同学格格不入，李老师实在放心不下，便想尽办法约了明臻的妈妈来学校谈话。

李老师一眼就看出明臻是妈妈的翻版。明臻的妈妈在国家机关上班，请假不易，到校发现女儿并没有惹是生非，只是代课老师"额外"关心，便着急离开。

"并不是孩子出了问题才要关心，许妈妈，你没有发现明臻不开心吗？"

"她开不开心是她的事，别人哪管得着？"许妈妈一脸的不以为然。

听她这么说，李老师心里暗忖：自己孩子的事怎么跟事不关己似的？

没想到许妈妈又继续说道:"作为一个母亲,我已经供她吃住、上学,还要我怎样?而且她衣食无忧,真不懂她有什么不开心的。"

好一个绝情的妈妈,像个陌生人一样切断和女儿的感情,不,是切断了感觉。

"李老师,我的孩子我自己会注意,不用你操心。她四岁时,爸爸就因生病走了,所以,我必须让她独立,因为我也没办法保证能陪她一辈子。如果我突然走了,那她怎么办,她怎能不坚强一点?我常对她说,不要怪妈妈狠心,这是她的命,她没有兄弟姐妹,就要早点学会一个人过日子。"

虽然能明白许妈妈用心良苦,但这样的心意太沉重了!李老师望着眼前个头矮小、穿着朴素,讲起话来却铿锵有力的许妈妈,她安慰也不是,劝导也不是。

孤儿寡母在社会上确实孤立无援,但也不必用如此冷漠的方式教导年幼无知的女儿呀!李老师常年和学生家长互动,知道许妈妈虽然看着冷漠,但内心已经摇摇欲坠了。

（个 人 潜 意 识 里 的 恐 惧）
———
误用疏远的办法让孩子自立

归属感是一种踏实的、幸福的联结，当因离异、病故等状况而遭到剥离时，人们很容易掉入无常感的深渊，并且难以在短时间内自我修复。

在心生无常感前，人往往会有怨天尤人的责难，以及无语问苍天的茫然。接着，潜意识里会出现许多自我防卫机制，渐渐关起心门，让周遭的家人不得其门而入。

当一位家长对孩子说"你要学会一个人过日子"，自然有他的道理。但如此一来，孩子就不能在亲切的拥抱和温馨的鼓励下学习，只会感受到疏离和冷漠，更不明白为什么重要的家人走了，世界就突然变得冷淡无情。

像许妈妈这样的单亲母亲可能个性好强，不习惯向亲朋好友寻求援助，也没注意到个人潜意识里藏着"人生无常"的恐惧，才会在孩子幼小时就严格要求他们"坚强独立"。

"人生无常"和花开花落、月有圆缺一样自然而然，是每个人都需要学习和面对的功课。许妈妈因为丈夫突然离世而深受打击，进而生出要女儿坚强勇敢的想法，出发点是对的。但把这种生命教育硬塞给女儿，让心智尚未发展成熟的女儿如何接受得了？

（ 成 长 笔 记 ）

———

懂得求助，坚强而不逞强

许妈妈可以通过心理咨询，解除紧紧束缚自己的信念，摘掉长期自我防御的面具。其实，人可以脆弱，可以向他人求助。许妈妈需要的就是李老师的临门一脚，学着重新认识女儿的内心世界，明了女儿的情感已经一片荒芜。

尽管母女朝夕相处，女儿感受到的妈妈却是"近在眼前，远在天边"的陌生人。

排斥感:
妈妈为什么不要我?

玉卿小时候以为她称呼"奶奶"的人是妈妈,因为奶奶照顾她的起居,两人也总是形影不离。有时,会有一位嗓门很大的年轻胖女人来探望她,叫她"爱哭囡仔"。

"那是你妈妈。"奶奶说。

我的妈妈是这个人?不是奶奶吗?那爸爸呢?哦!爸爸就是偶尔来家里住,总是和气地对她微笑的男人。弄清关系后,玉卿跟着父母回到他们的家,才发现她还有一个哥哥、一个弟弟。

玉卿并不在乎手足之间的陌生，她在乎的是那位常叫她"爱哭囡仔"的妈妈。每每见到胖女人脸上露出排斥、嫌弃的表情，她既纳闷又想哭。

玉卿问过奶奶："为什么我以前没有跟他们住在一起呢？为什么妈妈不要我？"

"你太爱哭了，整天哭个不停，晚上也吵得人没法睡。后来，你弟弟又出生了，他们照顾不过来，才把你送来。不过，你到奶奶这里就很乖，不吵不闹的。"

玉卿对奶奶的说法半信半疑，对于从小不能和父母生活仍有些介怀，却没想到，等她上小学前回到父母的家，磨难才真正开始。

"快！快！快！不能迟到，不能迟到。"妈妈每天都这样催促。

妈妈在保险公司上班，每天赶着开早会、见客户，总是匆匆忙忙的。哥哥、弟弟早已习惯妈妈的风格，唯独玉卿不清楚状况。

"妈妈看到我总是一脸不高兴，也不叫我名字，还是叫我'爱哭囡仔'，连哥哥、弟弟也这样叫，只有爸爸不会。有一天……"

在训练营分享这段过去经历的玉卿，突然失控地大哭起来。

她印象非常深刻，那一天，妈妈骑着摩托车载她和弟弟去幼儿园。

到了后，弟弟一下车就飞奔进去，而没睡醒的她因为精神恍惚，动作稍慢了一些。结果，妈妈竟用力推了她一把，并大声斥责："还不赶快进去，爱哭囡仔。"

被妈妈这么使劲一推，玉卿一时重心不稳，差点摔倒。

"当下，我整个人都清醒了。我感觉妈妈对我没有爱，就伤心得一路哭进教室。"

回想那一刻，她的委屈尚未平息。为了打开心中的结，她勇敢地发问："吴老师，妈妈为什么要那么用力推我？"

其实，玉卿自己寻找过这个问题的答案。结婚前，她主动和妈妈把话说开。当时妈妈已经退休，身体也有些疾病，她并没有多加苛责，只是想问清楚自己被送到奶奶家的原因。然而，妈妈还是一副"错不在我"的模样，甚至责怪玉卿："谁叫你小时候那么爱哭，你爸赚那一点钱怎么养家？我当然也要去上班，忙不过来，只好把你送到奶奶家。"

玉卿不但没有解开心结，反而更郁结了。

孩子多半渴望父母的关爱和疼惜，如果子女从小就没有体会过父母的亲密接触，还遭受父母言语、眼神和动作上的排斥，心灵就会受到创伤。

（ 个 人 潜 意 识 里 的 恐 惧 ）

———

因关系疏远而排斥孩子

在子女尚年幼时，如果父母很少与他们互动，就会觉得孩子好像是"别人家的"，怎么看都不顺眼；如果孩子与其他照顾者关系紧密，排斥感就会更深。

父母的这种潜意识恐惧是"怎么生出一个跟自己不亲的孩子"。有些人会用"没缘分"来解释，有些人则用"这孩子来讨债"的想法来对待，结果亲子关系越来越疏远。

如果为了谋生必须与子女分隔两地，父母就要设法慰藉分离时的思念，弥补欠缺的亲情。忙碌的年轻父母通常会把子女交由长辈照顾，但休假日会回到长辈家，一方面让长辈有机会休息，一方面也能和子女亲密互动。

玉卿的妈妈一直不明白女儿要的是什么。其实，玉卿要的是：

①妈妈不用"爱哭囡仔"称呼她。她是有名有姓的人，她渴望别人对她的称呼带有尊重。

②在成长过程中，爸妈可以搂着她好好地说："当时哥哥念幼儿园，弟弟刚出生，我们分身乏术，只好送你到奶奶家，但爸妈一样很爱你。"

③妈妈应该想办法避免对她产生排斥感，反问自己——是否有重男轻女的观念？同样是自己的骨肉，如果养育方式不一致，就要努力让孩子理解，而不是带着误会长大。

（ 成 长 笔 记 ）

把话说开，才能把心结打开

曾有年长的父母问我："为何成年子女很少回家探亲？难道大家过去有什么嫌隙吗？"

确实，子女长大后各有家庭或工作忙碌，可能无法频繁往来，但也不至于不闻不问。如果子女提及心痛往事，或者表露出欲言又止的模样，就要给他们一个机会把话讲清楚。

亲子双方深入沟通，在这一过程中，或许会愤怒，或许会悲伤，但唯有这样才能让真相大白，让误会化解，而不至于像玉卿一样长久停留在"妈妈为何要用力把我推开"的痛苦回忆里。

自责感：
过度参与孩子的人生

　　妈妈美卿听到声响吓坏了：儿子不是在专心准备考试吗？为什么如此发狂？她急忙想了解情况，没想到一打开小翰的房间门，就撞上正怒气冲冲往外冲的儿子。

　　"走开，白痴！"小翰抛下一句没头没脑的咒骂后，就开了大门往外冲去。

　　"喂！你要去哪里？"美卿一头雾水，还没弄清缘由，就看到儿子奔出门，便赶紧追在后头，结果还是追不上。美卿干脆回到他的房间，里头一片狼藉，垃圾桶被踢倒，纸屑、可乐罐散落一地，掉在床下的手机摔得屏幕破裂，旁边还有一团团被捏得不成形的照片。美卿随手拿起一张照片，虽然相纸割痕累累，但她马上认出上面的人是儿子的女友詹妮弗。

不久前，美卿陪儿子和詹妮弗吃饭，劝詹妮弗回心转意。当时，她还信誓旦旦地表示："阿姨，我答应你，我不会离开小翰。"但是不到十天，两个人又闹翻了。

这已不是美卿第一次介入小翰的感情。小翰先后谈过几次恋爱，每次对方提分手，他就向妈妈哭诉，要妈妈帮忙把女友追回来。

美卿帮儿子挽回了几段感情，但他一向脾气不好，只要找不到女友或女友没时间陪他，他就会狂打电话，甚至到对方的学校堵人，恋情终究还是无法继续。

唯一一次美卿不用出面的情形，是因为女孩比小翰强势，体格也比较健壮，两人因小事大打出手后，小翰反而躲着她。

老公曾经劝美卿不要再插手："你不要再帮小翰哄女朋友了，不然他哪一天才能长大？你总不能一辈子帮他'擦屁股'吧！"

"你不懂！你工作那么忙，孩子都是我在管，你又不清楚状况。小孩子不开心，做妈妈的能不管吗，如果他做了傻事怎么办？倒是你，怎么不多陪陪他、劝劝他呢？"两人教育观念不同，常常因为儿子的事发生争执。

　　原来，在美卿十一岁时，哥哥因失恋而自杀。她一直怨恨父母不够关心哥哥，没能及时阻止悲剧发生。如果当时父母能多陪陪哥哥，并且跟女方家长好好沟通，就不会发生悲剧了。

　　"宝贝，你现在在哪里呀？"美卿知道儿子身上还有另一部手机，便拨了电话找人。

　　听到妈妈的声音，小翰咆哮道："妈！你到底跟詹妮弗说了什么？为什么她还是不理我，你不是要帮我劝她吗？怎么……"小翰在那一头又吼又叫，原来他已经跑到詹妮弗家楼下，准备和对方理论。

　　"听妈妈的话，赶紧回来，千万别冲动。妈妈一定会帮你跟她复合，乖……"

（ 个 人 潜 意 识 里 的 恐 惧 ）

——

担心悲剧会再次发生

如果父母过度参与孩子的人生，连孩子应该自行承担的责任也揽在身上，就会让孩子无所适从。其实，唯有断开过度的联结，孩子才能学会自立，这也是父母能给孩子的最好祝福。

美卿一再替儿子收拾残局，也导致他一再重复和异性交往的错误模式。而她潜意识里的恐惧源于兄长的自杀，不料这种"我要阻止悲剧再次发生"的念头，反而阻碍了儿子成长。

"你儿子和你哥哥的性格不同，分手原因也不同，更别说成长过程和人生际遇的差异了。虽然都是失恋，但也不能相提并论，你能试着分开对待吗？"我说出美卿的顾虑。

美卿如梦初醒，这才正视儿子的情绪管理问题和自己的错误教育。

（成长笔记）

让孩子从挫折中得以成长

美卿必须克服个人潜意识里的恐惧，不再认为儿子情路坎坷是因为她没尽到保护责任。这个错误想法会导致儿子一辈子只会怪罪别人，而不是担起应负的责任。

像美卿一样舍不得孩子为情所苦的父母应该了解：恋爱从互相吸引开始，接下来，会因为双方脾性、价值观的差异而进入磨合阶段，这时争吵在所难免。当子女在这个阶段情绪起伏时，父母可以引导，但不可直接介入。

美卿担心儿子在情感上吃亏或受苦，因而不断替他向前女友求情讨饶，希望儿子重拾"幸福"，却没注意到这是很不实际的想法。感情路上，每个人都有自己的选择，女友选择离去，并不代表小翰不好，只是因为想法改变了。即便妈妈劝回了前女友，也不意味着就能解决原本存在的问题。

放手让儿子经历失恋的过程吧！毕竟那也是他"长大成人"的必经之路。

失衡感：
当孩子成了代理父母

佳嬿家有三个孩子，老大慧妮从小乖巧懂事，忙碌的夫妻俩就让她分担照顾弟妹的责任。

慧妮比弟弟大四岁，比妹妹大六岁，个头又高一些，只要爸妈忙生意，她就自动成为"小妈妈"。

常常深夜才回到家的爸妈看到三个孩子功课都写完了，上床睡觉了，家务也被料理妥当，每每感到欣慰。

但是，弟弟上高一后，就常和慧妮吵架，连妹妹也会插上几句，给哥哥帮腔。

慧妮经常抱怨："她们都不听我的话。"弟弟却说："姐姐很爱唠叨。"而妹妹则说："我都不知道他们在吵什么？"

佳嬿和老公商量后，觉得可能是因为慧妮太负责了，只知道听爸妈的话管好弟妹，却不懂变通。例如：弟弟长大了，需要个人隐私，但是，慧妮每次都不敲门就直接闯进他的房间，催促他去洗澡或做家务。至于妹妹，由于和姐姐共用房间，她想关灯睡觉时，慧妮却还在看手机。如果她好奇靠过去看，就会被慧妮推开并嚷道："不要偷看！"

看着姐弟三人嫌隙渐生，佳嬿和老公讨论后决定——让慧妮做"姐姐"就好，不必再做"小妈妈"，佳嬿也会安排更多时间留在家中。

起初效果不佳，已经是高中生的慧妮自认为比弟妹年长，凡事还是需要她做主。有一次考试前，弟弟准备到同学家复习功课，慧妮不以为然地说："你才不是去念书，你们一定是去打游戏。"弟弟马上反驳："你乱讲！"

这时，佳嬿赶紧介入调解："慧妮，这件事你不用管。"不料，慧妮有点反感："以前你要我管，现在为什么又不要我管？"佳嬿解释道："以前妈妈忙，现在我在家了，我来管就好。"一场风波才暂时平息。

　　佳嬿非常懊悔过去的安排,自己忙着赚钱,却疏忽了为人父母的责任,结果孩子们一天天长大了,彼此的关系也越来越紧张。

　　慧妮究竟为什么不高兴呢? 佳嬿还可以做什么调整呢?

（个 人 潜 意 识 里 的 恐 惧）

——

孩子觉得父母不公平

　　教育子女时,父母虽然想做到公平,潜意识里仍会有些偏颇,喜欢个性、习性和自己相近的孩子; 对于意见多、不服管教的孩子多少会批评。

　　还有一种失衡原因则如本案例,因为父母赋予某个孩子较多责任,而造成不平等的状况。但这些不是不可逆的,随着孩子长大,和解能力增强,失衡感是能够得到改善的。佳嬿及时增加在家的时间,设法解决孩子们的争端,这些都有助于解决问题,但仍有两点需要注意:

　　①爸爸的角色一样重要,佳嬿也要鼓励丈夫积极陪伴家人,尤其是和儿子相处,父子间要找机会做点 men's talk（男人之间的谈话）,比如一起出游、讨论网络游戏、分享梦想,让亲子关系多元化、趣味化。

②妈妈多留在家中后，慧妮在家的角色必然会有所变化，过去是她"一人独大"，如今"大权旁落"，在弟弟和妹妹面前多少会有些落寞，仍有许多需要改变的地方。

所以，妈妈的处理可以更周到一些，例如：当弟弟妹妹抗议时，可以先给慧妮一个台阶下："弟弟、妹妹，先听姐姐怎么说吧！"也可以对慧妮说："我们来听听弟弟是怎么安排的，好吗？"

妈妈不应该立刻制止两方的唇枪舌剑，而是顾及慧妮的面子，让她觉得自己的地位并没有被动摇，在家中还是受到尊重的"大姐"，然后让弟弟妹妹完整地表达个人想法。这么一来，家中剑拔弩张的气氛必定可以缓解。

（ 成 长 笔 记 ）

———

让家里的每个人都扮演好自己的角色

佳嬷提起自己的疏忽时，说道："我没想到大女儿心思这么细密，她发号施令惯了，以为弟弟妹妹长大，就没人听她的话了，所以很失落。幸好吴老师提醒，我才注意到维护她的自尊的重要性。但她也应该尊重弟弟妹妹的想法，毕竟他们也都是能独立思考、有自己判断力的个体。"

佳嬿把握住三个孩子从青春期进入大学前的黄金时段，让彼此角色从"大对小"转变为"平行关系"，增加了彼此的尊重和亲密。大家既像朋友，也像伙伴。

至于她的老公，佳嬿笑着说："孩子一个个都要上大学了，他终于察觉到空巢期来临了，反而常常早回家。他不但会和儿子一起玩，和两个女儿也是有说有笑。"

恭喜这个家庭，因为妈妈用心成长，家人之间的关系得到了转变。

疏离感：
代代相传的负面情感

　　有位妈妈的女儿上大学后，不肯与她有任何接触。无论她怎么恳求原谅，女儿就是不予理会。无计可施的她只能通过老公，才能略知女儿的近况。

　　有一次，我正要离开演说会场，这位妈妈上前问我："吴老师，我的女儿不理我，我不知道自己做错了什么。"

　　"怎么啦？说给我听听。"

听我询问，她的泪水夺眶而出，简单说明原委后，又问道："为什么女儿这样对我？"

我发现她弄错了方向，立刻转移她的重点："你应该要先问问自己，当初为什么那样对待她？"

这位妈妈和我谈了几次后，才发现女儿原来正在重复她的成长模式。她的女儿可以说是"受虐儿"，在十多年的成长过程中，受尽妈妈的欺负。

然而，这位妈妈自己也有痛苦的过去。她出生于偏远乡镇，父母重男轻女。在这样的家庭里，她每天要做家务、喂猪、清扫鸡舍。此外，她和兄长无话可说，在学校没有朋友，父母也不理会她。

长期缺乏与人交往的经验，她常感到自己被排挤、欺负。高中毕业后，她进入一家工厂担任会计，到了适婚年龄，就由父母安排相亲，懵懵懂懂进入婚姻。婚后，她才发现大她十岁的老公沉默寡言。在这样的婚姻中，两人一直培养不出感情，她还必须照顾年迈的公婆。

而且她怀孕后，就被公婆、老公要求辞去工作，和前同事也少有联络。每天在家庭、医院之间奔波，疲累烦躁的时候，她就把女儿当成了出气筒。

女儿没拿好碗泼洒了汤汁、没收好衣服、回应慢了点，都成了她打孩子的借口。

　　"没看到我很累吗？还一直给我惹麻烦！"这是她最常对女儿说的话。

　　女儿受到妈妈的不公正对待，不敢跟爸爸反映，爷爷奶奶也自顾不暇，直到上了高三，她还常因考试分数没有达到标准而挨揍。

　　当时，儿童人权尚处于萌芽期，女儿不知道能向一些家暴专线求助，一直忍到高中毕业。这段时间，她在家沉默寡言，但非常用功，最后，她以优异成绩被一所名牌大学录取。大一开学第一天，她出门前突然转身对妈妈说："从今天起，不——可——以——再——打——我！"

　　这句话宛如从身体里爆发出来般，声音洪亮，惊吓到正在客厅整理书本的妈妈，她仿佛看到女儿变成一个巨人，气势逼人，眼神充满恨意。

　　此后，母女在家形同陌路。她做好的饭菜，女儿不一定吃，老公也帮不上忙。妈妈回首过往，惊觉自己错得离谱。

（个人潜意识里的恐惧）
——

因自己不受关注就不让孩子受宠

母女间多半会有一种微妙的竞争关系，可能是抢夺爸爸的爱，可能是妈妈不准女儿有自己没享受到的幸福。妈妈之所以会不自觉地把女儿当成竞争对象，通常是重蹈覆辙自己小时候和手足的竞争关系。

长期受欺压的母亲，小时候不懂为自己争取权益，又得不到家人的关怀和支持。有了子女后，母亲如果看到子女表现好，备受家里其他人喜爱，就会将潜意识里的仇恨和恐惧转移到子女身上。

然而，他们不能表现得太刻意，于是就故意冷漠对待年幼的孩子，用疏离感惩罚孩子，孩子何其无辜！

《性格的陷阱：如何修补童年形成的性格缺陷》一书提到，"有些孩童不是天生就消极被动，是父母使他们无法发展出个性"。这里所谓的"父母的关系"，是指父母在教育过程中的"陪伴不足"或"错误对待"，使得孩子错失良机，没能学会与人为善，没能建立良性人际互动，更没能找到被重视的成就感。

这位因后悔而哭泣的妈妈认清了错误，明白了自己过去未能得到正确引导，又让错误的模式在女儿身上重演，使得女儿也变得冷淡、逃避。

（ 成 长 笔 记 ）

———

学会付出"爱与温暖"

如今，这位妈妈勇敢面对自己的错误，并为了改善母女关系而努力。她渴望得到女儿的谅解，让女儿享受幸福、重新感受到妈妈的爱。

然而，暂时还得不到女儿谅解的妈妈可以怎么做呢？我建议她：

①去为孩子谋求福利的慈善机构做社会服务，试着学习"付出爱"，破除童年以来的疏离感；或者参加成长团体，让自己心灵的伤口获得疗愈。

②写心灵笔记本。每天写下想和女儿沟通、分享的话。总有一天，女儿会看到这些，体会到妈妈的良苦用心。

PART

原生家庭潜意识里的恐惧

养育子女的过程中要时时警惕，

绝不能把个人的恐惧投射到子女身上，

更不能要求他们去弥补自己的童年遗憾，

否则会造成亲子关系的紧张。

情绪投射：
当爸爸学会将心比心

"还不赶快去上武术课，要迟到了！每次都要人催，真是的！"美淑的老公又在催促儿子皓皓。

"老师不会那么早来，要去你自己去。"才上小学三年级的皓皓回嘴道。

美淑正想制止儿子，却见老公气得坐在沙发上生闷气。

这时，皓皓又丢下一句话："为什么妹妹不用上武术课？"然后就一溜烟跑了。

美淑坐到老公身旁，不知道是该安慰还是劝告。

"我是为他好，他个头小，在学校里常被欺负，练壮一点才好。"美淑的老公想到儿子对练武术意兴阑珊就无奈，叹了一口气又说，"我小时候也很瘦弱，但我爸才不管有谁欺负我，我只能靠自己想办法。现在我要帮皓皓，他却不领情。"

"你小时候常被人欺负吗？我怎么没听你说过？"美淑对此毫不知情，而且老公又高又壮，怎么可能受人欺凌？

"我上小学时个头还很小，到高一才长高，后来就没人敢欺负我了。所以，我想让皓皓赶快练武术防身，还能顺便运动。"

"我明白你是出于好意，但你要不要考虑皓皓接不接受？"美淑想引导老公"将心比心"，何况做爸爸的岂能将自己的人生观强加在儿子身上。

"小孩子就是不懂事，不会替自己想。"美淑的老公越讲越生气。

"就算孩子不懂保护自己，好像也没必要这么生气吧？你希望皓皓怎么做？"美淑还是想不通为什么老公总是对这件事感到不满。

"他要让别人知道他不好惹啊！如果他力气大一点，谁敢招惹他？"美淑的老公又说道。

"这会不会是你小时候的感受？你气恼自己一直被当作弱者，气恼自己无力改变现状，所以现在就这样要求皓皓？"

听到这里，美淑的老公怔了一下。这时，三岁的女儿珊珊跑进客厅喊肚子饿，老公比美淑更快起身帮忙。

两人的对话暂时告一段落，但美淑并没有就此打住的意思。美淑是一个读书会的领读人，每个月领读一本书。五年多来，通过阅读心理探索和养育子女方面的书籍，她明白老公对儿子有过多的情绪投射，想要儿子做他小时候做不到的事。

等珊珊吃完麦片，活力充沛地跑去玩玩具，美淑和老公又回到刚才的话题。

老公说："之前皓皓被同学欺负，我听到你跟他说'要勇敢面对，要据理力争'，我实在不能认同。那是你们女人的做法，我们男人才不这样。"

"那男人会怎么做呢？"

"男人会反击啊！被打，当然要打回去呀！"老公一边说一边挥拳。

"所以，你是要皓皓跟人打架？"

"话不是这样说……"意识到自己竟然希望孩子"以暴制暴"，美淑的老公一脸错愕，过了一会儿他继续说，"我也不希望孩子诉诸暴力，但霸凌者就是欺软怕硬。如果皓皓能强壮一点，也就不会被当作目标了。"

"这样讲是没错，但强身并非只能靠练武术。"

"我知道怎么做了。"美淑的老公好像找到了自身的问题。

傍晚时分，皓皓兴高采烈地回到家，他似乎忘了先前和爸爸怄气的事，迫不及待分享道："我们老师今天教了一个新招式！"说完，他就比画起来。

听到儿子的声音，美淑的老公从卧室跑出来，笑呵呵地说："皓皓，来！我们来过过招吧！"

于是，父子俩在客厅兴致盎然地"比武"，美淑的老公看着被迫学武术的儿子，心里满是惭愧。

事后，美淑告诉我："吴老师，自从那次调整心态后，我老公已经愿意支持儿子去学其他感兴趣的活动。后来，儿子加入学校棒球队，每次都早早到操场练球。当满足孩子的身心需求时，家长根本就不用催促。"

美淑家的经验提醒我们，父母有责任引导孩子茁壮成长，但也要顾及孩子的心理。

（原 生 家 庭 潜 意 识 里 的 恐 惧 ）

担心孩子像过去的自己一样受人欺负

"情绪投射"是一种常见的潜意识表现，在要求孩子"像自己"的行为里，往往可以找到"情绪投射"的影子。

在成长过程中，我们潜意识里都有过"自己不够好"的恐惧，并且会借此提升个人能力；或者通过加入团体，来壮大自己、肯定自己。

然而，养育子女的过程中要时时警惕，绝不能把个人的恐惧投射到子女身上，还要求孩子去弥补自己的童年遗憾，否则会造成亲子关系的紧张。

（家 长 成 长 自 我 探 索 ）

———

孩子的人生一定要像我的吗？

① 我曾因为"情绪投射"而造成亲子关系紧张吗？

　　□ Yes　　□ No

（自我叮咛）

_____

_____

② 我对子女有过度的"情绪投射"，常黏在他们身旁吗？

　　□ Yes　　□ No

（自我叮咛）

_____

_____

_____

代际传递：
家暴父亲痛改前非

"我打死你！这么不听话，功课不写，整天只会打游戏，老师打电话来说你成绩一直退步，你到底还要不要念书……"雄爸一动手打人，满腔怒火就越烧越烈。

被爸爸拳打脚踢，上高二的阿雄痛得哇哇大叫，不知哪儿来的勇气，他竟然也出手反击，父子俩就在客厅里互殴起来。

雄妈眼看事态严重，情急之下便想上前去拉开两人。这一拉却让雄爸更加气愤，一拳重重挥过去，阿雄应声倒地。

　　雄爸愣在原地，呆望着雄妈扑到儿子身旁大喊："阿雄，你醒醒啊！你快醒醒！" 喊了好几声仍不见儿子有反应，雄妈转向气喘吁吁的老公说："如果你把他打死了，我绝对不会放过你，还不快打120！"雄爸看出儿子不是装死，立刻拿出手机打电话。

　　路上，阿雄在救护车上翻了白眼，呼吸也变得微弱。救护人员立刻给他戴上氧气罩，努力抢救。车子一路奔驶，雄妈仍觉得车速太慢，焦急得泪流满面。恢复理智的雄爸则一脸懊恼，一言不发。

　　一到医院，阿雄就被送进急诊室。见到急奔而来的医生，雄爸"噗"的一声跪下恳求说："医生，请救救我儿子，拜托拜托！"

　　经过医院通报系统，警察、社工和学校老师都前来询问了解情况，并且做笔录。雄爸度过了漫长的一夜，在被询问是否经常打孩子时，他声泪俱下地谈起原生家庭的暴力事件——原来他也有个喜欢使用暴力的老爸。

　　"暴力会代际传递，你希望自己的儿子将来也是诉诸暴力的人吗？"

　　听到社工这句话，雄爸顿时崩溃，一边抽泣，一边摇头说："当然不！"

　　此时，雄妈快步跑过来说："阿雄醒了！医生说要观察一个晚上，大致上没事了。"

听到这个喜讯，雄爸哭得一把鼻涕、一把眼泪。

雄妈和我分享家中戏剧性的转变："吴老师，我老公经过这次教训，整个人彻底改变，不再凶神恶煞了。他说自己被他爸从小打到大，以为拳头最有用，幸亏这次儿子只是轻微脑震荡，否则他一辈子心里都过不去。他下定决心改变和儿子的相处模式，也发誓绝不再打骂孩子了。"

当雄爸放弃过去的权威式教育，儿子也不再整天沉迷网络，尤其当雄爸也开始学着玩网络游戏，父子一齐闯关，儿子关机的速度也越来越快。

不只如此，雄爸还会和雄妈一起参加学校的成长讲座，和她讨论童年的家暴经历。

雄妈说："以前，我看老公排斥公公，还劝他'天下无不是的父母'；现在，我比较能体谅他，但还是鼓励他和公公和解。他问我为什么，我说：'这样你才不会把对父亲的愤怒发泄到儿子身上。'吴老师，你说我讲得对不对？"

我忍不住夸奖她："你说得有道理，孩子沉迷网络游戏，通常和父母错误的教育方式有关。只要父母改变态度，孩子自然会学着规范自我，并从亲子相处中找到安全感，也就不再躲进虚拟世界里了。"

暴力不能解决亲子冲突，雄爸正通过学校辅导老师、社会工作者的协助，慢慢摆脱当年暴力老爸的阴影。

看到阿雄活蹦乱跳，玩游戏也知道节制，雄爸庆幸自己来得及重新做个好爸爸。

误以为打骂才能管教好孩子

许多家庭重复着"暴力代际传递"，一代打一代。孩子从小耳濡目染，也误以为只有拳头才能解决问题，结果童年创伤在成年后依然留存。

这些大人说不动子女的时候，因为害怕孩子叛逆，就诉诸暴力。其实，这是最不当的教育手段。

（ 家 长 成 长 自 我 探 索 ）

——

家暴的终结者

我有能力终止"家庭暴力代际传递"吗？

☐ Yes　☐ No

（自我叮咛）

_____

_____

_____

观念偏差：
重演的教育模式

下课后的教室里，有人互相追逐，有人聚在一起聊天。而安坐一隅的几个小朋友，除了上厕所都不离开座位，也几乎不和其他同学互动。

这些人际交往能力弱的小朋友，是什么原因让他们如此内向呢？他们是否也渴望和同学一起玩呢？

有位性格内敛的妈妈曾经问我："我女儿总是安安静静的，老师说她在学校也沉默寡言，问她话也只会点头或摇头。"

望着这位年轻妈妈,我捕捉到她眉宇间的淡淡忧愁。"先说说你自己吧。你平时跟朋友互动吗?在家里,你和老公常有说有笑吗?"我引导她反思自己。想要帮助孩子,通常得先反观自己。

被问得一愣的妈妈低下头,小声说:"我老公很凶,他不喜欢我外出,也不喜欢女儿交朋友。女儿上小学一年级时,有一次去同学家写作业,我老公知道后就不断责备她,认为她学坏了。"

孩子能自己拓展人际关系,证明他们有能力自己学会独立,这是孩子的福气,也是爸妈的福气。爸爸怎么能限制孩子跟外界建立联系呢?

在我的追问下,这位妈妈终于透露:婆婆因为早年外遇离家,当时只有四岁的老公自此便常听父亲说"女人喜欢乱逛就麻烦了"。听久了,潜意识里的恐惧就扎根在老公心里,婚后便忍不住限制老婆和女儿的行踪。

"恭喜你注意到了女儿的需求,她的人际交往能力还来得及培养。她们学校有'亲子EQ营队',建议你们报名参加,千万别错过了。"

妈妈点了点头,她谅解老公因为原生家庭生出的观念偏差,才无法经营好夫妻关系、亲子关系。但现在是要改变了,她可不想女儿被误终身。

※

另一个案例的主角是上幼儿园中班的女孩,她的妈妈来听我演讲,在问答环节问道："我女儿缺乏自信，都上中班了，连数字大小都还要问我，但我觉得她并非分不清楚，只是依赖我，要我告诉她正确答案。我应该怎么办呢？"

会场中有不少家长用力点头，看来大家都很担心孩子输在起跑线上。我看到这位妈妈脸上出现了不耐烦和失望的神情，便问她："你内心深处的恐惧是什么？"

原来，这位妈妈生在重男轻女的家庭，从小常听父母夸大哥多么优秀、聪明。尽管她心里不服气，但婚后生了一男一女后，不知不觉重演了原生家庭的教育模式。

她常常对女儿说："你看哥哥的数学从来不用妈妈操心，为什么你就学不好？"女儿常被她嫌弃得低头落泪或闷闷不乐。

"你女儿有哪一方面表现得不错吗？"

"对文字比较敏感！"妈妈不假思索地回答。

"这就对了，从女儿擅长的方面着手去强化她的信心，她才有机会建立自信。而且，你要克服从原生家庭带来的恐惧，别再自认不如大哥。其实，每个人都有优点，你也一定有，只是你的父母当年没发现。你的女儿如果也能摆脱'哥哥比我优秀'的阴影，就能活出自信，活得快乐。你说对吗？"

只见这位妈妈点头如捣蒜，我由衷祝福她能改变重男轻女的教育方式，别让女儿变成这种观念的牺牲者了。

不接受孩子的个性，却要他们聪明出色

大部分家长都羡慕"别人家的孩子"，也希望自己的孩子不落于人后。一旦孩子表现得不如人意，家长就会责备、讽刺。但他们想不到，这样殷切的企盼只会把孩子越推越远。

事实上，只有让孩子发挥个性，展现自己独特的魅力，他们才有机会突破自我。所谓个性，指的是一个人的性格、待人处事的风格。个性是孩子早期在与父母互动的过程逐步形成的。如果父母用开放、鼓励的方式加以引导，孩子就会乐观；如果父母传达的多是消极、负面的信息，子女也会变得悲观，在交往中也不擅长表达。

所以，认为孩子"天生消极"是误会，孩子不擅长与人交往，父母也该是第一个需要检讨的人。父母与其恨铁不成钢，不如先改变自己的教育方式吧！

（家 长 成 长 自 我 探 索）

——

我能让孩子适性扬才吗？

① 如果另一半限制孩子成长，我能够介入协调吗？

☐ Yes　☐ No

自我叮咛

_____

_____

② 我能欣赏孩子的个性吗？

☐ Yes　☐ No

自我叮咛

_____

_____

_____

过度陪伴：
被母亲操控的可怜孩子

有一天，训练营的学员们分享各自陪伴子女的经验。

罗玲是大家公认的最佳妈妈，她有一个上高一的儿子、一个上小学五年级的女儿，两个孩子在家中很少争吵。罗玲轻松地说："我让他们从小自己做主，也尊重他们的感受。所以，他们都很懂事，一点也不用我操心。"

听到罗玲家如此和谐，学员珊妮急了，她的两个儿子天天吵架，她都快精神崩溃了。她忍不住问道："你的孩子不会拒绝去补习吗？他们不会吵着要打游戏吗？"

罗玲回道："我有工作，怎么可能无时无刻陪伴孩子？我就是让他们先了解自己需要什么，至于选择哪些课程，我通常会给他们一星期的时间考虑。要上，就认真学；不想上，那也不勉强。渐渐地，他们就懂得安排自己感兴趣的活动。"

罗玲分享得头头是道，学员们也纷纷表示赞同。这时，有位学员发现其中的矛盾之处："咦？你都知道怎么教小孩了，为什么还来训练营呢？"

其他学员也点头称是。身为老师的我也想知道个中原因，因为这个班开课不久，彼此还不是很熟悉。

"我小时候因为妈妈的过度陪伴很不快乐，到现在也还是不太理解我妈的想法，所以希望通过训练营重新体会我当时遭受的压力。同时，学习如何更加合理地陪伴孩子。"

罗玲生在重男轻女的家庭，父亲不但在职场中呼风唤雨，在生活中也有女人投怀送抱。这样的婚姻关系让母亲痛苦不堪，也决意把女儿教育成亲友眼中的第一。

罗玲的母亲有许多潜意识里的恐惧是可以理解的，但她担心女儿不成材，害怕自己在家里没有地位，因而产生了错误的期待，使女儿成了被自己操控的可怜孩子。罗玲小时候常被打扮成小公主，有学不完的才艺、做不完的功课，家里来了客人，她还会被叫出房间表演。

母亲常对罗玲说："长大后，你会感谢我的。"罗玲完全无法接受这句话，心里既厌烦又痛恨，她不明白被操控的生活有什么好感恩的。

因此，高考后填写志愿时，罗玲完全不让母亲插手。当时，父亲还出面说了母亲一顿："她不是你，她有自己的路要走！"母亲才闷闷不乐地放过了罗玲。

"那是什么感觉呀？"珊妮好奇罗玲被过度陪伴的感受。

"每天都想死啊！"罗玲脱口而出。从小到离家念大学前，她的灵魂仿佛被妈妈囚禁着，动弹不得。

"啊！有这么严重？我家老二也常常抗议每天学各种东西，我真的做错了吗？"珊妮一脸迷惑。

"吴老师，我可以问珊妮一个问题吗？"罗玲尊重课堂规定，先征求我的同意，我当然点点头。

"珊妮，我很想了解我妈当年的心理。像你们这样要孩子学这学那的父母，是怕自己不够好，还是怕孩子不够好？"罗玲的问题一语中的。

见珊妮一时语塞、陷入沉思，我顺势请大家分组讨论——陪伴孩子成长如何掌握分寸？

在训练营里，罗玲见识了许多人有母亲类似的做法，逐渐明了母亲当年的心理，也渐渐放下对母亲的不谅解。

珊妮渐渐和罗玲成了好朋友，也不再过度陪伴两个儿子。后来有一次分享时，她说了一句让学员们会心一笑的话："放牛吃草，时间到了，牛会自己回来！"

如何陪伴孩子要视情况而定，罗玲的经验让大家感触颇深。

（原 生 家 庭 潜 意 识 里 的 恐 惧）

——

自己人生失意，就把希望放在孩子身上

家长紧抓孩子不放是一种"过度陪伴"，孩子在小时候，会误以为这是疼爱，等到逐渐有了自我意识，才发现那不过是父母的桎梏。

家长之所以会这样，是因为潜意识里觉得自己如水中浮萍。因为没有"根"而空虚，于是在慌乱中抓一个算一个，被抓到的子女也就此跟着漂浮。

罗玲本能地逃离妈妈的掌控，但她不明白妈妈曾经有过的生命体验，试着去理解，才能放下对妈妈的怨怼。

(家 长 成 长 自 我 探 索)

——

我给的是适度的陪伴吗？

过度乖巧的孩子也有令人担心之处吗？

☐ Yes　　☐ No

(自我叮咛)

_____

_____

_____

心理暗示：
厌世男孩的告白

　　按理说，原生家庭应该充满温暖、令人放松，但有些家长不自知地用错误方式教育孩子，让孩子有了活不下去的感觉。

　　十五岁的晓枫成天一声不吭，让父母都无可奈何。和我初次见面时，他面无表情低垂着头，即使抬起头，神情也是迷茫的。

　　妈妈是个饶舌的人，话匣子一打开就滔滔不绝。她的紧张和焦虑，不但让晓枫紧皱眉头，也令我坐立难安。

"可以让我们单独谈谈吗？"

碰到这样的家长，也难怪孩子沉默寡言，必须让他们留出时间、空间，孩子才有机会倾诉。

妈妈离开我们的视线后，晓枫终于开口了："我不想活了。"

轻描淡写的几个字让我震惊，我不禁坐直了身子。接着，我听到青少年内心深处的疑惑。

"为什么我妈一开口就诅咒我。我考试分数稍微差一点，她就说：'你不想活了？'我的房间乱了点，她也说：'你不想活了？'我总是听到这几个字，有时心里一烦，真的就不想活了。"清秀白皙的面庞，聪明伶俐的模样，却没有这个年纪应有的活泼、调皮和机智。

"请问晓枫'不想活了'的念头从何而来？"

轮到妈妈和我交谈，她看了一眼不远处的儿子，压低声音说："这是我的口头禅，每次看他动作慢吞吞或爱答不理的样子，我一急就会说这句话催促他。"

"催促？你觉得'不想活了'这几个字是正面的，还是负面的？是鼓励，还是打击？"

"我没想那么多。"妈妈抿了抿嘴唇，有点不自在。

"对孩子来说，这四个字容易变成一种暗示。晓枫妈妈，孩子毫无生气，你不觉得事出有因吗？我相信你也渴望帮助他走出情绪障碍，你要不要先想想自己为什么会把这四个字挂在嘴边呢？"

妈妈沉思半晌，开始叙述她的心路历程。婚前，她是一个使命必达的公司主管；但婚后因年龄较大，在求子路上屡屡受挫，最后靠试管婴儿才成功受孕。

"当时，我吃尽了苦头，老公忙事业，只安慰我几句就出差去了。为了安胎，我必须卧床，只好请妹妹来帮忙照顾我。当时，我简直不想活了。"

"不想活了"四个字脱口而出。

晓枫妈妈突然发现这件事是症结所在，补充道："孕吐和卧床时，我一直有这个念头。妹妹提醒我为了孩子也要坚强，千万不能胡思乱想。都说母子连心，妈妈的意念可能会影响到胎儿的情绪。但是，我也不知道为什么，人一不舒服，就会有不想活了的念头……"

熬过十月怀胎，顺利生产后，她在老公的建议下辞去工作，专心做家庭主妇。

过去在职场充满斗志，也获得许多成就感的晓枫妈妈，成为全职主妇后，一直有着强烈的失落感。她描述道："我好像一朵日益枯萎的玫瑰花。后来，晓枫从乖巧听话的小男孩，变成了叛逆少年，我更消沉。但是，有谁能帮我呢？可能是因为我觉得自己为他牺牲了很多，甚至觉得活着没意思。所以只要他不顺我的意，我就会对他说'你不想活了'。"

"当他听了那句话，有什么反应呢？"

"啊？我没注意过！好像是背对着我，仿佛泄了气的皮球，再也不回应了。"她茅塞顿开，发现儿子就是这样一步步消沉的，于是懊悔得说不出话来。

"嗯！这点很值得注意，我们可以从这里着手来改善关系。今后跟他互动时，你觉得怎么做比较好呢？"我看晓枫妈妈就要陷入自责中，赶紧提醒她。

找到母子关系紧张症结的晓枫妈妈泪眼蒙眬、沉默不语，但我们有了一个共识，那就是可以帮助晓枫走出阴霾了。

"别再说那四个字哦！"我特别提醒，晓枫妈妈微笑着点了点头。

（ 原 生 家 庭 潜 意 识 里 的 恐 惧 ）
——

因过度付出而觉得生无可恋

"不想活了"——不管是在家庭中还是社会上，都是不被容许的想法。但有些人潜意识里就是有自我毁灭的念头，可能是因为遭受沉重打击而痛不欲生，可能是个人求生意志薄弱，可能是缺乏社会支持，可能是病痛让人绝望……而晓枫的原因可以追溯到妈妈怀他时的不适。

晓枫妈妈一直不知道亲子关系紧张和她有关，直到自己的"诅咒"差点成为现实，才找到了潜意识里的恐惧，进而明白改变自己才是打破亲子僵局的关键。

（ 家 长 成 长 自 我 探 索 ）
——

我也有厌世感吗？

① 和孩子互动时，常常得不到亲切的回应吗？
　　□ Yes　□ No

自我叮咛

_____

_____

② 情绪低落时，偶尔会有"不想活了"的念头吗？
　　□ Yes　□ No

自我叮咛

_____

_____

③ 我有"病识感"，懂得求助心理医生吗？
　　□ Yes　□ No

自我叮咛

_____

_____

言归于好：
单亲妈妈的成长之路

　　有一次演讲的问答环节，有位瘦弱的小女孩走到我身旁准备发问。我见她约四五岁，忍不住心想：这么小的她能听懂我谈的"潜意识恐惧"吗？她会问出什么问题呢？

　　我一边好奇，一边把麦克风递给她，她用细弱的声音问道："爸爸为什么要打我？"

　　"爸爸用什么打你？"

小女孩回答："用细细的竹子。"

"打哪里呀？"

"手臂，我每次都好痛！"

我心疼地把小女孩抱起来，让她坐在我面前的大桌上。听小女孩揭开大人复杂的一面，在场的许多人都为之动容。小女孩的妈妈也走上台来，谈起前夫和她们的相处，将现场观众又带入另一番情境。

演讲结束后，我联系小女孩珍珍的妈妈，进一步了解了珍珍遭遇的家庭变故。珍珍的妈妈当初因前夫的善良、温和而爱上他。不料，婚后住进婆家，发现婆婆喜怒无常，而且经常挑拨他们夫妻之间的关系。

"婆婆是沉重的石头，推不开也搬不动。见我们夫妻不和，她也不会站在同为女人的我这边。"

渐渐地，珍珍的妈妈发现前夫的原生家庭问题重重。好赌的公公为了躲债早已不知去向，婆婆一个人扛起养活一家五口的责任，整天打零工，回到家往往筋疲力尽，对四个孩子自然就不太有耐心，甚至经常大发脾气。

在这样的环境中长大的前夫暴躁易怒，控制欲强，有时还会对珍珍的妈妈拳打脚踢。

为了帮助女儿成长，珍珍的妈妈在女儿两个多月大时，就引导襁褓中孩子的情绪。譬如："你刚才听到的争吵声与你无关，你没有做错事。现在妈妈轻轻摸你的手臂，给你力量。你是很勇敢的人，你会照顾好自己的情绪。"

妈妈如此用心，也难怪珍珍才四岁就能勇敢走上讲台，请教大人问题。

因不堪家暴，也为了女儿能健康成长，珍珍的妈妈深思熟虑，暗中下定决心：只有离开那个家，才能让自己和女儿脱离苦海。

珍珍的妈妈告诉我："在法庭上，法官问我：'如果给你更多的探视时间，你愿意放手吗？'我当时想，仇恨不能解决问题，而且我没有工作。形势所逼，只能答应放手，至少让女儿有个安稳的住所，但我从来没有放弃把她带回我身边。"

身心受创的她搬离前夫家，通过参加许多心理治疗，才从成天思念女儿，逐渐到能够抽离情绪，并且了解男女在各方面的差异，也明白"权利抗争"对婚姻的伤害。

"上过许多心理课程后，我才知道丈夫有边缘性人格，也下定决心要更理解他的苦衷。当他情绪不稳时，我也可以心平气和地与他交流。我不再委曲求全，而是学着心平气和地与人相处，这样才能做珍珍的榜样，也让她少被爸爸责打，健康成长。"

　　如今，珍珍的妈妈常常邀请前夫一起带女儿出游，她一面自立自强，一面引导前夫成长。她说："我并没有要和前夫复合，我只是想帮助一个无助的男人，让他同自己和解，也和女儿言归于好。"

　　我接触过许多在婚姻破裂的苦海中浮沉的人，提起前任不是咬牙切齿，就是急忙划清界限，唯恐避之不及。珍珍的妈妈有着不同于常人的坚定和智慧，她提醒前夫别再承袭上一代的教育模式，也让他明白只有建立充足的安全感，才能与人良好互动。

　　"前夫是可以共同成长的朋友，给他机会，就是给女儿机会，我愿意伸手拉他一把。"珍珍的妈妈找回了内心的力量。

（ 原 生 家 庭 潜 意 识 里 的 恐 惧 ）

找回自尊，才能阻断暴力

　　对于有家暴史的家庭来说，"言归于好"是一条漫长的道路，但也不是不可能的。珍珍的妈妈决意修复孩子和爸爸之间的关系，并懂得寻求社会支持。她先经由自我探索找回自尊和生命的意义，再协助前夫修复破碎的心灵，让他学会善待孩子，也让孩子重新接纳他。

　　至于想和另一半重修旧好的人，要先明了对方是否因为原生家庭而有过艰辛险恶的成长经历，不至于进入婚姻后重蹈覆辙，才有机会阻断噩梦的延续。

（家 长 成 长 自 我 探 索）

——

处理家暴的积极对策

我能找到社会资源来与前任／另一半共同成长吗？

☐ Yes　　☐ No

(自我叮咛)

_____

_____

_____

望子成龙：
接受"不一样"的孩子

"吴老师，这是我儿子。我问他问题，他都不回答，请帮帮我。"一位父亲带着儿子过来找我，年约十五岁的儿子在一旁低头不语。

我让两人坐下来，稍微聊了几句。原来孩子在读高三，父子俩最近因为儿子的课业、前途的事情关系紧张。

见强势的父亲主控全场，我猜他在家也是这副"唯我是从"的模样，这样下去，儿子是不会开口说话的。于是，我请他去拿水，好让儿子有个透气的机会。

爸爸一离开，儿子就表现得欲言又止的样子，我鼓励道："没问题，我会听你说。"过了半晌，低着头的儿子挤出一句话："我爸很凶！"

这时，爸爸笑眯眯地回来了，拿了一杯水递给我，一脸慈眉善目，哪里有凶神恶煞的模样呢？等爸爸重新坐下后，我把自己的椅子挪到孩子身边，准备做他的后盾。

"我儿子学习不认真，做任何事也虎头蛇尾。问他有什么人生目标，他也不回答……"

听着爸爸数落，儿子的头越垂越低。

"你现在有什么感受？"我轻声问身旁沮丧的男孩。孩子很少被关心个人感受，怔了一下。

爸爸对我的沟通模式也感到讶异，他以为我会加入大人的行列，劝导儿子有问必答。

这位爸爸因为晚婚，将近五十岁才有了这个独生子。他和老婆的教育方式不同，老婆认为爱的教育才能培养出自立的孩子。但身为爸爸的他，认为社会竞争激烈，男人必须从小在铁的纪律下磨炼，才能出人头地。

儿子在我问过"感受"之后，嗫嚅道："很——紧——张。"

接着，我问爸爸："你心里在担心什么？"

"这和我想改善与儿子的沟通有什么关系呢？"

爸爸问得好，这一向是父子关系的症结所在。大人认为是孩子有问题，却没想到问题的源头在自己。

"请列举三个你在成长过程中有过的担心。"

我耐心引导着，如果这位爸爸想要和儿子建立良好关系，希望儿子充满自信、勇往直前，那么先察觉自身潜意识里的恐惧非常重要。爸爸勉为其难，慢慢列举了三个。

"小时候，我老爸有一把戒尺，他一拿出来，我们兄弟姐妹就吓得发抖。同时，我老爸很爱比较，排行中间的我，没姐姐会念书，也没妹妹会撒娇，我和弟弟常被老爸嫌东嫌西。还有……"

听爸爸娓娓道来，儿子忍不住抬起头怔怔地望着他。看来这对父子从未谈过这些事，儿子没想过向来凶巴巴的父亲也有过脆弱的时候。

陷入回忆的父亲说出了第三个恐惧："老爸常在家人面前说我将来一定不成材，这也是我晚婚的原因。我想先拼出比兄弟姐妹更好的成绩，证明我是有出息的人。"

　　"你有没有发现，自己在不知不觉中，把这些从原生家庭带来的恐惧转移给你儿子了吗？"

　　"嗯……"深思片刻，爸爸抬起头，表情缓和了许多，他望着儿子说，"爸爸看你的样子心里着急，讲话就很冲，让你有压力了吗？"

　　儿子点点头，回应的速度比先前快很多。接着，他说出了心中压抑已久的话："爸爸，我没有不做，我只是需要多一点时间。"

　　这时，父子俩一起陷入沉默，不知是不是有太多积压在心中的话想跟对方说，却又不知从何说起。许多沉默寡言的男孩并不是无话可说，而是长久受到家长的语言霸凌，甚至是身体霸凌，深受重创的他们，又如何和旁人沟通、表达感受呢？

　　只要家长能够痛改前非，一定可以看到孩子慢慢靠近自己，也渐渐愿意开口了。

（原 生 家 庭 潜 意 识 里 的 恐 惧 ）

————

担心孩子没出息而严厉管教

"望子成龙"一向是父亲对儿子的期许，"儿子不成材"也是父亲潜意识里的恐惧。儿子一出生，做爸爸的就寄予厚望：儿子跌倒不准哭，儿子受挫不准抱怨。儿子表现不佳，就要严厉鞭策。

从小深受父亲的影响，要坚强、要勇敢、要成材，等自己当了父亲，自然而然就把这种观念也传承了下去，无法接受"不一样"的儿子。

然而，每个人都是独一无二的个体，不是每个人都会走父母的路线。所以才会有许多人年轻时早早离家，或者和爸爸抗争到底。

至于那些一辈子都在努力达成父亲期许的人，人生就真的一帆风顺了吗？父子之间就真的和睦相处了吗？其实也有很多人因为达不到"标准"而郁郁寡欢，亲子之间也一样有着隔阂啊！

（ 家 长 成 长 自 我 探 索 ）

孩子因为我过度期待而受伤了吗？

① 孩子在家可以自由表达感受吗？

☐ Yes ☐ No

自我叮咛

_____

_____

② 孩子无法接纳自己，有情绪失控现象吗？

☐ Yes ☐ No

自我叮咛

_____

_____

_____

童年受挫：
边缘爸爸的心事

　　小威刚上小学一年级，最近放学回来总是闷闷不乐，怎么问他都只是摇摇头。妈妈明珠请老公士哲和儿子谈谈，老公却推辞说："最近公司事情多，你就去问老师吧！"看到老公一副事不关己的模样，急性子的明珠很想大吵一架。但是，对于不愿插手的老公，她完全没辙。

　　每次参加班会，看到双双出席的家长，明珠都非常羡慕，她决定让老公担起做父亲的责任，也想让小威感受到父亲的支持和陪伴。

　　明珠回想和老公从认识到结婚的过程，突然发现对他所知有限，只知他是所谓的"三高男"（高学历、高职位、高收入），对他的成长历程却知之甚少。

介绍他们认识的人是士哲的大姐，她在公司任执行副总，欣赏明珠认真、负责、人缘好的特质，便把她介绍给了弟弟。两个正值适婚年龄的男女很快就步入婚姻。婚后，明珠花了很长时间适应老公的木讷寡言，但儿子的成长不能没有父亲参与，她也不想让步了。

刚好这年母亲节的家族聚餐由大姐主办，大姐的地位在家族中举足轻重，不但事业成功，而且把老人照顾得很体面。明珠趁机向大姐打听老公的童年往事："士哲上小学时发生过什么事吗？他好像很不喜欢到学校，也不想管小威的事。"

听到明珠发问，她立刻笑着说："他小时候的糗事可多了！"

其中最具代表性的事发生在士哲小学三年级。有一回，他为了一支铅笔和邻座同学争吵，明明是他的铅笔，那个同学却强占不还。情急之下，士哲哭了，惹得几位同学起哄笑他"羞羞脸，爱哭鬼"。这时，从办公室过来了一位年轻女老师，可能没了解清楚状况，不分青红皂白就把士哲和同学都斥责了一顿。

士哲觉得冤枉，回家后跟大人哭诉。不料，士哲的爸爸一气之下，第二天一大早就拉着儿子到学校理论。校长被骂得涨红了脸赔不是，女老师也委屈地哭了，士哲则吓得一句话都不敢说，只能呆呆望着爸爸破口大骂。从此以后，士哲在学校就常被同学指指点点，即使课业表现不错，也在班上抬不起头。

"难怪他听我提到学校的事，总是很敏感地避开，原来他曾被同学孤立了。"明珠长久的疑惑顿时解开。大姐看到明珠恍然大悟的模样，好奇地问："这些事他都没讲给你听吗？"

"我们不熟！"明珠本来想开开玩笑，但想到大姐毕竟曾是她的领导，也是她的媒人，于是又补充道，"是呀！一直没机会谈这些事。"

"吴老师，多年来，我都没注意到老公在团体中独来独往的。原来他曾经严重受挫，又无力改变，所以现在只会逃避。"

"没错，小威的爸爸潜意识里有着恐惧，害怕重返校园，害怕处理类似霸凌的事件，才会一直拒绝你的要求。"

明珠生动地描述她的学习成果，并且开心地分享："最近回到家，我会和老公分享在训练营学到的东西，老公会讲出他的感受和看法，和儿子的关系也大大改善。他们两个最近在规划一趟知识之旅，我呢，就用邀请的方式，让老公同意一起出席学校讲座，我可不想让老公在家里也被孤立了。"

我亲眼见证了明珠的努力，真心佩服她努力来改善家庭关系。

（ 原 生 家 庭 潜 意 识 里 的 恐 惧 ）

——

因童年阴影而无法直面孩子的问题

"童年受挫"是每个人的必经之路，有些人能得到身边大人的正确引导，重拾信心；有些人则闷在心里，情绪得不到发泄，就变成了潜意识里的恐惧。

士哲在学校受到误会、羞辱，但因为家长处理不当，致使他的"童年受挫"更加严重，因而对校园产生阴影，在困扰儿子的问题上也选择了逃避。

但是，在事件中把自己边缘化，在人际关系中把自己边缘化，都不是长久之计。通过处理孩子的"童年受挫"，士哲反而能走出长久以来的困境。

（ 家 长 成 长 自 我 探 索 ）

——

我摆脱不掉儿时受挫的影响吗？

我"童年受挫"的经历影响了教育子女的态度吗？

☐ Yes　☐ No

（ 自我叮咛 ）

_____

_____

_____

母女竞争：
爸爸是始作俑者

艾丽从小就受爸爸疼爱，常被他高高抱起，对着亲朋好友说："这是我的公主。"

艾丽很喜欢这种受宠的感觉。爸爸以她为荣，亲友满脸羡慕，唯独妈妈常常不以为然地说："把她放下来，你太溺爱孩子了。"

爸爸把她放下后，会一边帮她整理衣裙，一边反驳道："哎呀！你懂什么？女儿就是宝，当然要捧在手掌心。"

看着爸妈争论，艾丽也学着爸爸的口吻说："妈，你不懂啦！"

长大后，艾丽注意到妈妈在家中地位低下，不是被爸爸嘲笑，就是被爷爷奶奶轻蔑。

二老就住在附近，不时会拿着钥匙直接开门进来。小时候，艾丽还见过妈妈刚洗完澡，穿着轻薄的睡衣走出浴室，经过客厅时发现爷爷坐着看电视，吓得赶紧躲回浴室，叫艾丽拿运动服给她换上。

艾丽上高中后，对人际关系、心理学产生了兴趣，她察觉到自己和妈妈的关系比和爸爸、爷爷奶奶还生疏，而她最常对妈妈说的话就是"哎呀，你不懂啦"。有几回，见妈妈欲言又止，默默转身离去，她还洋洋得意。

上大学后，艾丽见到几位闺密和妈妈情同姐妹，一起逛街、看电影、出游，意识到自己和妈妈的关系很疏远。而在学校接受了两性平权教育后，她进一步发现爸爸对妈妈是"不尊重"。爸爸要么嘲笑妈妈"你都读到硕士了，连这个都不懂"，要么就说"你为这个家赚过一毛钱吗"。

好残忍啊！但妈妈对这些话全无反击能力，往往一声不吭，最多咕哝两句："是你不让我出去上班。""你到底要我怎样？"

大四时，艾丽自认为有能力解决爸妈之间的问题了，便先从与自己关系较好的爸爸着手。"爸爸，你当初和妈妈是怎么认识的？为什么会想追妈妈？"被女儿这么一问，爸爸一脸不屑地回答："就是乱枪打鸟呀！"

妈妈是很有才气的现代女性，她的回答浪漫多了："我和你爸爸是在读书会上认识的。有一次，我分享完阅读心得，他来找我说话。那时，我在中文系读研，他是喜欢艺术的高职生，我们俩聊得来，自然而然就在一起了。不知道为什么后来他不爱看书了，甚至反对我去听演讲、参加训练营。"

这天，母女一起逛超市，回家路上，艾丽很认真地瞧着妈妈的脸庞，多么有气质、有魅力啊，当初爸爸被吸引不是没有道理的。如今这张脸却被埋没在都市的一隅，被冷落在家庭的角落。

"你上幼儿园后，我打算再回去上班。但你爸说，爷爷奶奶年纪大了，没精力照顾你，坚持要我留在家里。我和他吵了好几回，吵到后来也累了，而且想着如果自己硬要去上班，和你爸的关系可能会破裂，最后只好放弃。"

听完原委，艾丽更理解妈妈了，忍不住问道："爸爸对你这样颐指气使，为什么你不反抗呢？"

"哎呀！"妈妈幽幽地说，"小丽，妈妈当然想过要离开这个家。但是，你怎么办？"

"我已经这么大了，妈，你要勇敢去过自己想要的生活。"艾丽脱口而出的话把自己也吓了一跳。

　　妈妈回以苦笑，内心五味杂陈。见状，艾丽更觉心疼，妈妈一路走来也很辛苦，她伸出手说："妈，我拿得不多，水果那袋让我拿吧！"

　　妈妈把沉重的水果袋交给女儿，说了一声"谢谢"，母女俩相视而笑，一切尽在不言中。

　　回家的路上，和煦秋阳令人舒畅惬意。艾丽明白了一件事，爸爸因为潜意识里对"高攀"妈妈有极大的恐惧，于是就以大男人的姿态来控制对方。小时候的她看在眼里，甚至有样学样，结果，又多了一个人欺负妈妈。

　　"妈妈，不好意思，以前是我不对，以后我不会这样了。"

　　"你长大了。"妈妈停在红绿灯前，笑盈盈地看着她说。

（ 原 生 家 庭 潜 意 识 里 的 恐 惧 ）

希望自己拥有更多爱而与家人竞争

　　母女关系极为奇妙，如果爸爸偏袒一方，家中的气氛就会变得紧张。

挑剔、批判、找碴儿……母女互相争吵，最后才发现始作俑者是爸爸。

爸爸潜意识里担心自己配不上妈妈，表面上在孩子面前戏谑妈妈，压制她的气势，实际是做出了"拉一个打一个"的行为。

（ 家 长 成 长 自 我 探 索 ）
———
家人间的权力游戏

① 家中有过"亲子竞争"的情形吗？
　　☐ Yes　☐ No

自我叮咛

_____

_____

_____

② 我是家人关系紧张的始作俑者吗？

　　☐ Yes　　☐ No

自我叮咛

_____

_____

_____

找回自我：
"情伤"后的成长

　　上高二时，美意怀疑男友自忠劈腿，醋意大发下，约了"情敌"放学后见。

　　疑似"情敌"的女生瞪着美意说："他喜欢我不可以吗？你是不是没听说过'不被爱的人才是第三者'……"

　　听对方承认了，美意怒气冲冲，准备上前给她一巴掌。

　　这时，突然有人大喊："警察来了！"果真有两个警察骑着摩托车朝这边过来，大家就散开了。

这件事最后被校方知道了，学校辅导室派了一位男老师辅导自忠，美意则由陈姓女老师辅导。陈老师是一位资深辅导老师，看美意虽然一脸不在乎，右脚却在不停抖动，便判定她内心也是紧张和担心的。

"你欣赏自忠哪些地方呢？"

美意感到意外，陈老师不像妈妈那样先破口大骂，而是关心她的感情状况。于是就打开心扉，简单谈了谈两人交往的情况。陈老师辅导经验丰富，很快就发现美意对待异性的态度不对，猜想这可能跟原生家庭有关，便问起她的家庭情况。

原来，美意上小学三年级时，父母离婚了。在她似懂非懂的年纪，还不懂妈妈口中"外面的狐狸精"是谁，也不明白妈妈为什么在夜里喝酒、耍酒疯，让她回家后无法专心学习、安稳睡觉。

后来，美意和妈妈搬回外婆家。原本以为日子可以好过一些，不料妈妈经常和外婆吵架。有一次，妈妈和外婆吵架后大哭，哀怨地对美意说："你外婆以前很爱跟我说'男人没有一个是好东西'，我就是不信。结果，你爸跟你外公一样也搞外遇，害得我们母女不得不投靠外婆，还要每天挨她骂。"

美意跟陈老师说了不少私事，却一直避而不谈和自忠在性方面的探索。自从高一交往后，他们由搂搂抱抱进阶到发生亲密关系。虽然妈妈提醒过"女生不可以太随便"，但妈妈自己不是也……

美意听过妈妈躲在厕所打电话，语调故作甜美，还极力撒娇，情窦已开的她马上就知道是怎么回事。美意陆陆续续陪妈妈见过一些叔叔。出门前，精心打扮的妈妈常问她："我这样穿好看吗？""我的妆会不会太浓？"

妈妈换男人如换衣服，却没想到造成了女儿不正确的价值观，连带着将潜意识里的恐惧——"深恐男人抛弃她，生怕没有男人就活不下去"——也传递给了女儿。

美意和自忠相处时，一味讨好，没有个人主见。听到男友劈腿的消息，她不是直接向自忠确认，反而是找假想敌当面对决。在性方面的探索过程中，美意也失了准则。当自忠说："你要相信我，我不会让你怀孕的。""你要满足我，才是真的爱我。"美意虽然心中犹豫，但身体还是不知不觉去迎合。

即使美意没有明说，陈老师也很清楚这个年纪的孩子对性的好奇。她担心美意年纪尚小，不知道自己可以接受想要的、拒绝不想要的，于是费心引导。她告诉美意："你要学会聆听自己内心的声音，如果心里不愿意，就不要用身体去迎合别人。只要你成长了，有个人魅力了，自然会吸引到愿意了解你、尊重你的人。"

对美意来说，这些话很陌生，身边的长辈从没教导过她这样的观念。经过陈老师的谆谆教诲，美意才渐渐醒悟。

在陈老师的鼓励下，从高三上学期开始，美意开始写成长日记。其中一篇这样写道："今天和陈老师谈过后，我发现自己情绪稳定多了。有时会觉得自忠像幼稚的小男生，说话常常很白痴。虽然同学都会被他逗笑，但我只觉得他很无聊，可能这就是陈老师说的'成长'吧？经过这一年半的辅导，我觉得自己真的改变了。今天，我问陈老师：'我的人生可以和妈妈不一样吗？'陈老师回答我：'你的人生本来就由自己决定。'嗯！我要好好思考自己到底想要什么样的人生了。"

（原 生 家 庭 潜 意 识 里 的 恐 惧）
——

因失去自我而过度迎合别人

"找回自我"是许多人心智成长的重要功课。

"找回自我"有这么困难吗？确实不容易，我们免不了要和家人、朋友建立关系，有的亲密无间，有的形同陌路，多多少少都会影响我们。

亲密无间的人，可能是爸妈、手足或夫妻，我们容易不知不觉在他们的期望下塑造自己；或依附他们，任由他们指导我们，却不知原来自己还有很多可能性。

这些人并没有恶意，却在不经意间把潜意识里的恐惧转移到我们身上，让我们离真正的自己越来越远，最后甚至成了他们的复制品。

所以，要时时提醒自己。同时，也要允许孩子追求自己想要的人生。

（家 长 成 长 自 我 探 索）

——

我和孩子都活出自己了吗？

① 和子女互动时，我常强加个人意见吗？

☐ Yes　☐ No

〔自我叮咛〕

_____

_____

② "找回自我" 一直是我的人生功课吗？

　　□ Yes　□ No

自我叮咛

_____

_____

_____

重组家庭：
家里的边缘人

　　有一天，妈妈郑重其事地问："如果有一个叔叔对妈妈很好，也答应我会好好照顾你，你能接受他做你的新爸爸吗？"

　　看着坐在面前的妈妈，艾拉既担忧又期待，不知该如何回答。她才十二岁啊，哪能懂大人的世界，哪能理解妈妈想追求幸福的想法。只是想想突然要把另一个人当爸爸，要和陌生人一起生活，她心里就有点害怕。

　　妈妈把她的一言不发当作反对，于是这件事就此搁置了。

等她上了高中，妈妈又重提旧事，这回她表现得懂事体贴，没等妈妈讲完，就立刻回道："妈妈，你的幸福最重要，不用管我的想法。"

于是，两个家庭组成一个家庭。在新家里，她努力试着和叔叔的子女相处，所幸家里不要求用中文名字相称，她就用英文名字称呼他们，避免了一些别扭。叔叔的儿子约翰大她两岁，女儿艾莎大她半岁。虽然年龄相仿，但仍因为身份尴尬而生疏。

平日里，大家各忙各的，倒也相安无事。但一个月里总有一个周末，在叔叔和妈妈的特意安排下，一家人去餐厅聚餐。这种饭吃起来自然是索然无味的，叔叔努力找话题，妈妈则是赔笑脸，那对兄妹却不怎么领情，整顿饭几乎都在玩手机，爱答不理的。

有一回，艾拉从厕所出来，没有留下任何味道，可是接着进去的艾莎却故意用手在鼻子前面挥来挥去。还有几回，她正巧在门口碰到刚刚回到家的约翰，只听到他一直说着"倒霉"。

随着相处时日的增加，艾拉和他们的关系非但没有变得亲密，反而越来越疏远。妈妈感觉到了艾拉的不开心，有几次来到她的房间闲聊，说到委屈处，艾拉的泪水还没滚出眼眶，手臂上就有了妈妈的泪渍。

"对不起，是妈妈让你受苦了。"妈妈握住她的手，愧疚地说。

"不是，是爸爸害了我们。如果他没出轨，我们也不会这样。"她坐起来看着妈妈，十七岁的她比以前更加懂事。

"妈妈，你听过"家庭边缘人"这个词吗？"

妈妈一头雾水看着她，努力捉摸女儿的真实感受。

"妈妈，你到底在怕什么？我看得出来叔叔对你很好，可是，我们一直靠他养活，他的两个孩子会怎么看我们？你不觉得他们根本不听你说话吗？更别说理我了。在这个家，我只能躲在房间里，我就是个边缘人。"

"妈妈对不起你，妈妈对不起你……"妈妈只能无奈地重复着这句话。要艾拉再忍耐一阵子，等考上大学住到宿舍，问题就迎刃而解了。

这下她终于明白了，妈妈有太多的无奈，自顾不暇，哪里顾得上她？

有一回，那对兄妹吵架，让刚从国外出差回来的叔叔动了气，要兄妹把话说清楚。正在卧室的她隐约听到了他们的对话。

约翰说："我为什么要拿艾莎的手机？手机换了位置，那也可能是别人偷看没放回原地啊！"

"别人偷看？"

约翰含沙射影地说："这个房子里爱看手机的人又不只有我们两个。"

听他越说越离谱,妈妈再也沉不住气,冲到约翰面前,瞪着他大声说:"你说话要有理有据!"

看到向来随和的她突然横眉竖眼,大家都吓了一跳。

"既然大家都在这里,那就把话说清楚吧!"叔叔发挥他在职场上领导者的风范,让每个人各抒己见。结果,艾莎发现是自己记错了手机的位置。但妈妈仍借此机会袒露自己的感受,表示自己不会再畏畏缩缩、忍气吞声。她的内心仿佛经历了一场波澜,在释放长期压抑的情绪后,又重新回到平衡状态。

当晚,妈妈来找她谈心,想确定她真的没事了。她挺直腰板跟妈妈说:"这个家我最多再住半年,等考上大学,我就搬出去住。以后,你也要好好照顾自己,不要再自觉矮人一截了,好吗?"

（原 生 家 庭 潜 意 识 里 的 恐 惧）

————

为了"重获的幸福"而一再退让

随着离婚率屡创新高,"重组家庭"也逐步成为现代家庭模式之一。子女跟着爸爸或妈妈和另一个家庭一起生活,不论年龄大小,都需要时间适应。只不过，"适应"并不代表"接受"，这正是父母的担心之处。他们潜意识里总担心："好不容易重获的幸福，会不会因为'你的孩子'和'我的孩子'合不来，而毁于一旦？"

　　一般情况下，大人都希望子女快乐、家庭幸福。但是，"重组家庭"要达到这种程度的和谐，通常需要时间、沟通技巧等。而在磨合过程中，不能一味委曲求全、忍气吞声，只有互相尊重、共同付出，重组家庭才能有幸福。

（ 家 长 成 长 自 我 探 索 ）

我的重组家庭健康吗？

① 孩子正在经历"重组家庭"的矛盾吗？
　　☐ Yes　☐ No

自我叮咛

② 对于继子继女，我总是采取忍让的态度吗？

☐ Yes ☐ No

(自我叮咛)

再三叮嘱：
不信任孩子能照顾好自己

　　某天，我在便利店排队买口罩。由于没到开放购买的时间，前面有一对母女大概是等得无聊便说起话，妈妈劝女儿认真复习："高考前，每一门至少要复习三遍……"

　　听着妈妈的嘱咐，女儿脸一沉，有点不耐烦地说："每天读那些书烦死了，我也没办法整天学同一门，那样我会疯掉！"

　　妈妈又苦口婆心地说："以前我都……"

女儿没耐心把话听完，插嘴道："时代不一样了，你那种方式已经落伍了，我有自己念书的方法……"

妈妈的声音越来越弱，但想劝女儿认真复习的心仍然很坚定。

和普天下的父母一样，这位妈妈也希望孩子考上理想的学校，却忽略了女儿最想让她知道的事——读书的事她自有把握，妈妈不用太担心。

没错，问题就出在"担心"两字。父母通常会全力支持子女，希望他们出人头地，却没注意到在互动中透露出潜意识里的恐惧，不知不觉把不信任传递给了孩子。

※

还有一次，我在地铁上遇到一对母子，穿着小学校服的男孩刚坐下，书包都还没摆好，就急着向妈妈报告："今天数学没考好，只考了七十五分。"

还没坐稳、正忙着调整提袋的妈妈停止了所有动作，蹙眉看着儿子说："妈妈很担心你！怎么一直在退步？"

听到妈妈这么说，小男孩立刻低下头，咬着下唇不说话了。

这是很多父母的教育误区，明明想鼓励孩子进步，却把担心挂在嘴边，传达着"不相信孩子能做到"的信息。这样有用吗？何不把"担心"两字换成"关心"，让负面情绪转变为正面情绪，不是更好吗？

※

在新冠肺炎流行期间，我给大儿子布里奇发过一条短信，内容是："有没有戴口罩？外出要注意安全！"

发完后，我惊觉自己犯了一个错。看似"问候"的两句话，实则是对儿子照顾自己的能力没信心。

我的潜意识里有着两层恐惧：

①从亲友言谈和各大媒体中，我接收到新冠肺炎疫情严重且尚未出现有效疗法等信息，进而心生恐惧。恐惧，是因为感到自身生命受到威胁而产生的不安感。

②对儿子能否妥善照顾自己有疑虑，但我很快被回了一句："妈，我已经是成年人了。"

比起前面地铁里的小男孩照单全收妈妈的担心，布里奇已经懂得消解妈妈带来的不当情绪。

父母见到子女最常问的一句话："你今天好不好？"或者一接到孩子打来的电话，就立刻问："你没事吧？"请注意，这些字句里是不是带有不确定感？是不是担心的成分居多？如果父母能接受子女在成长中有承受压力、遭遇失败的情况，那么在语言表述上就要对孩子更信任。

以上述母女的对话为例，妈妈听到女儿说"我有自己念书的方法"，可以回应："很好！我相信你懂得规划。"就能立刻为女儿补上一剂强心针。

地铁上的妈妈一样可以相信儿子还会进步，可以告诉他："妈妈支持你，妈妈相信你会进步。"

至于我，根本不用给儿子发短信，只要相信他会照顾好自己就行。

如果经常问孩子"你好不好""你没事吧"，反而会增加孩子的心理负担，不如直接用"你好"来问候，不是更有力量吗？

（ 原 生 家 庭 潜 意 识 里 的 恐 惧 ）

不相信自己能教好孩子

"不信任"是亲子产生误会、争吵的原因之一。许多孩子不明白父母为何说个不停、骂个不停，甚至打个不停。

事实上，这些父母潜意识里不相信自己可以教育好孩子，尤其在听到孩子顶嘴、看到孩子怒目相视时，父母就更加紧张不安了。

父母不相信自己，当然就无法相信孩子，结果就造成亲子疏离、家庭破裂。

（ 家 长 成 长 自 我 探 索 ）

———

我家有能培养自信的环境吗？

① 我常说打击孩子自信的话吗？

　　□ Yes　□ No

自我叮咛

_____

_____

_____

② 我认为自信的父母才可以充分信任孩子吗？

☐ Yes   ☐ No

（ 自我叮咛 ）

_____

_____

_____

墨守成规：
孩子的绊脚石

静玉从小到大没顶撞过父母，也从未给自己做过决定。而在考上大学离开家后，她开始自食其力，过着白天上课、晚上打工的生活。

难得返家，她依旧寡言，父母也不过问，彼此之间很少交流。

有一次，静玉对我说起处处受限的过去："吴老师，我爸爸是会计师，妈妈是家庭主妇。虽然他们是好人，但不知道如何教育孩子，甚至会不自觉阻碍孩子的发展。我和弟弟小时候常听妈妈说：'外面坏人很多，你们不要乱跑。'如果我要到同学家玩，妈妈就会说：'人家又不欢迎你，你为什么要去打扰人家？'"

上小学六年级时，静玉被老师推荐报名参加语文竞赛，她一回到家，就兴高采烈地把好消息告诉父母。不料，爸爸劈头就说："怎么可能？"妈妈则劝说："万一你得不到名次多难过，还是不要参加啦！"

当时静玉年幼不懂反抗，第二天到学校跟老师说："我爸妈不准我参加比赛。"同学和老师都看出她明明很想参加，却因为家长阻扰而不得不放弃。从此，她就成了大家眼中"顾影自怜"的人。

"其实我也渴望有朋友，想和同学们有说有笑。可是，父母的教育方式让我看不到自己的优点，找不到自己的价值感。"那么，静玉在什么机缘下开始想找回自己的呢？

"当我看到弟弟回到家就躲进房间打游戏，有时还哭闹拒绝上学，我就告诉自己绝不能这样过一辈子。因此，上高三后，我拼尽全力学习，想脱离家庭、自力更生，弄清自己能有什么样的人生。"静玉知道父母是爱她和弟弟的，只是用错了方式。至于"错"在哪里，以她当时的年纪是无法理解的。

上大学后，静玉一边认真上课学习，一边赚钱养活自己，偶尔也会参加学校的心理讲座，还向辅导老师请教，得以厘清成长中的问题，进而重新谱写自己的生命蓝图。

原来，静玉的父母有各自的问题。小时候，她常听爸爸严肃地对妈妈说："我专心赚钱，你在家带小孩，不要让他们学坏。"妈妈唯命是从，从此全家笼罩在沉闷、压抑的气氛中，弟弟也变成性格扭曲的人。

静玉说，她找了一个星期六晚上回家，向父母倾诉从小受到的心理创伤，同时表明不怨恨他们，只要他们停止对弟弟的"伤害"。

"多年来，我很少回家，但爸爸退休后，身体有些病痛，人苍老了许多；妈妈为了照顾爸爸和弟弟，也不容易，而且家里人都希望我多回家陪陪他们。"

我看出静玉心里对父母的不舍，便关心地问道："你有什么打算吗？"

"大家把话讲开，求得和解，我心里会轻松很多。我感谢他们生下我、养大我，往后的人生本来就要靠我自己。那天，我鼓起勇气去抱爸爸，他缩紧身子，一直说：'对不起，不知道你心里难过。'我去抱妈妈时，她一句话都说不出来，只是把头靠在我的肩膀上，身子微微颤抖，我知道她哭了。"

"弟弟呢？"

静玉说："那天回家，弟弟还是没有走出房门。但是，以后我会邀请他到我的住处坐坐。小时候，我没有能力帮他，但现在我知道他需要什么了。我都可以走出来，相信他也可以的。"

好聪慧的女孩！大学刚毕业的她，找到一份儿童心理机构的工作，每天陪伴一群接受辅导的孩子，她自身的成长经历和专业经验应该也能帮助到弟弟吧。看着她稳若泰山的神情，听着她坚定不移的口吻，我衷心祝福她。

虽然在成长路上绕了一大圈，但至少她修复了和父母的关系。

（原 生 家 庭 潜 意 识 里 的 恐 惧）

为求保险而故步自封

许多观念保守的父母一味守旧，不准孩子脱离传统的框架。在他们的潜意识里，总担心孩子脱离正轨会给人生带来风险，甚至遭遇大灾大难。

随着时代的发展，有些观念也应该转变。传统里颠扑不破的正确价值观当然要保留，如：诚信待人、广结善缘等。但是，如果子女想向外发展、求变求新，父母也要理解和支持，而不是要孩子故步自封。

（ 家 长 成 长 自 我 探 索 ）

———

我的古板阻碍了孩子发展吗？

① 我是观念保守的父母，还是我有观念保守的父母？

　　☐ Yes　☐ No

(自我叮咛)

_____

_____

② 孩子因为我观念保守而受苦吗？

　　☐ Yes　☐ No

(自我叮咛)

_____

_____

矛盾心理：
孩子有权利生气吗？

　　"做女儿的有权利生妈妈的气吗？"素琴和上高中的女儿大吵了一架，原因是女儿晚归，她出于关心多问了几句。两人闹僵之后，素琴回到房间翻来覆去，凌晨一点多还没睡着，便到脸书上求助。

　　没想到还真有人留言："青春期的孩子，你能拿她怎样？我也被打败了。"也有人说："冷静、冷静、冷静，谁先生气，谁先输。"最中肯的一则留言是："孩子一定有话没说清楚，你确定完全了解情况了吗？"

　　看完留言，素琴心里舒坦多了，终于得以入眠。不料，早上六点多女儿起床后，故意弄出声响，把她吵醒了。见到睡眼惺忪的素琴走出卧室，一脸怒气的女儿大声质问："你为什么把我的事发到脸书上？"

"糟了！"素琴忘了女儿也是她的脸书好友。

※

发生在另一个家庭的故事：克顺和老婆带着儿子到精神科求诊，确定了暴躁易怒的儿子并无过动症之类的问题。那么，亲子冲突不断，问题究竟出在哪里呢？

"孩子一般是在什么情形下发脾气？请回想一下。"我问克顺。

他沉吟片刻，说："通常是早上七点，他妈妈叫他起床，他却赖在床上，我看不过去就会开骂，结果就……"

看来是很多家庭都有的问题——孩子赖床。我又问克顺："儿子都上高中了，还需要妈妈叫起床吗？上学的责任可以还给他自己吗？你可以改变教育他的方式吗？"

克顺夫妻和素琴都面临着相同的状况，青春期子女可能因为荷尔蒙分泌，情绪不稳定，一旦家长紧逼，很容易引起亲子冲突。

我分别和素琴、克顺探讨了亲子冲突的原因。

素琴承认："如果当时我没有发那么大的脾气，或许是能够和女儿好好沟通的。"

克顺则说："我应该压低一点声音，或者劝老婆让儿子管好自己。"

家长们有一个共通点，总认为自己的权威不可以被挑战，也担心没教育好孩子，将来孩子会成为家庭的负担。

※

父母有自己潜意识里的恐惧，那子女呢？

我的小孙子瑞奇喜欢阅读、看电影，也对人类的行为感到好奇。因此，我特意请教他青春期男生内心的恐惧。他说出了自己观察到的一点："这个时代男性主权弱化，许多爸爸努力成为新时代好男人，对待孩子也比较温和。所以，这一代男生通常和爸爸亲近。但是，有些男生喜欢网络上的暴力游戏，会受暴力男吸引。"

正值青春期的瑞奇点出了当下青少年的一种心理状态。尽管是个人意见，却让我了解到——青少年在个人成长的过程中也有着潜意识里的恐惧，不确定理想的男性形象是什么样的。亲子双方都有个人潜意识里的恐惧，如果不理解彼此的感受，家长一旦催促、逼问，很容易就让孩子暴跳如雷。这时，家长又觉得孩子不知好歹、不尊重长辈，于是也闹起了情绪。

如果父母能明白冲突现场需要冷静，而冷静的前提是"理解"，亲子关系便不会一直恶化下去。

素琴可以试着在女儿晚归时不立马追问她去了哪里，而是想想女儿多么渴望吃上热饭、洗个热水澡。等女儿满足了这些念头，一定更愿意回答妈妈的问题，而不会把妈妈的关切当成苛责、审问。

克顺和他的妻子可以试着理解儿子有起床气的原因。半睡半醒的人确实不喜欢被大声催促，如果能让儿子自己决定起床的时间和方式，然后用厨房传出的蛋香味、手机响起的美妙旋律来唤醒儿子，他应该会更有起床的动力。

所以，孩子有权利生气吗？

瑞奇以当事人的身份告诉我："我希望有权利生气，这样父母才有机会更加了解我啊！"

大人们，要试着听懂青少年的心声啊！

（ 原 生 家 庭 潜 意 识 里 的 恐 惧 ）

———

担心孩子不受教

为人父母有着许多的矛盾心理，当孩子晚归、表现失常时，心里明知不要催促、问东问西，但潜意识里的恐惧就是害怕孩子成为家庭负担。但是，当管教引起孩子反抗时，家长又怀疑自己是否太过严格，其中的分寸掌握成了教育中的挑战。

解决矛盾心理的方法就是耐心倾听孩子的心声。听得多了，恐惧会慢慢变少，冲突也就跟着消失了。

（ 家 长 成 长 自 我 探 索 ）

———

我难以掌握教育的分寸吗？

对于教育孩子，我承认自己有心理矛盾吗？

☐ Yes ☐ No

自我叮咛

静待花开:
看到人生的多种可能

上高中的玉晴拒绝去学校,就算妈妈好言相劝,或者爸爸气得满脸通红,她还是牢牢坐在椅子上。玉晴的父母很重视孩子的身心发展,沟通无效后,便安排玉晴和我见面。

玉晴是一个很有主见的孩子,只是被一个想法困住了——上那么多课,对我的人生有什么好处?

玉晴茫然无措,父母也无法理解,双方便冲突不断。玉晴的父母向来循规蹈矩,看女儿反感教育体制,便担心她学坏,也害怕她前途受限。

这些潜意识里的恐惧越多，对女儿的教训和限制就越多。

幸好玉晴聪慧，多方协调后，她争取到各退一步的处理方案：和往常一样去学校，但不进教室，只进辅导室。她喜欢英语，便从图书馆借英文小说来看。如此一来，她就不算无故旷课，班主任也能随时找到她。

此外，玉晴还在网上找到一个美国家庭，一来可以多练习英语对话，二来可以近距离接触美国文化。她选择了一条和别人不一样的路，并不是故意要让父母头痛。

※

我曾经关心过一位拒绝上学的中学生，辅导过程中，我看出关键所在：爸爸越怪妈妈宠坏儿子，惯得他任性、不懂事，儿子就越叛逆，越不肯上学。

"请学着尊重妻子的意见和做法，孩子知道你们是同心协力的，他的不满才会减轻。当你不在家时，他也会听从妈妈的管教，你反而会轻松。"我说出这位爸爸可以努力的方向。

这位爸爸听了我的建议后，表示愿意克服潜意识里的恐惧，明白孩子需要时间摸索，也知道平日要少问孩子："你为什么不想上学？""你不怕被学校退学吗？"而是问："你最有兴趣学什么？"

※

有一位陈爸爸也问了不爱上学的儿子真正想做什么。

"跳街舞！"儿子爽快地回答。

陈爸爸明白——如果一个人有七八十年可活，那么用两年去尝试找到人生最想做的事，可以说是非常合适。后来，他真的为儿子办了休学。儿子专心练街舞，不但出了专辑，还参加了国际街舞大赛，和同伴捧着冠军奖杯回来。

※

训练营里有位学员布莱恩提起他的年少轻狂，让人为他捏一把冷汗。上高中时，他没有提前和家人说，就和四个同学骑着摩托车直奔苏花公路。

几天后返家，他发现妈妈没有焦急地找他，也没有骂他，而是冷静地开导他："妈妈现在还有能力扶你一把，所以，我会放手让你去尝试。等到有一天，我帮不上你了，你要有自己的判断能力。"

布莱恩说："妈妈的话给当时的我很大启发，让我能静下心来规划自己的未来。"

后来，布莱恩回到学校重拾书本，发愤图强专心念书，在高考中成绩优异，大学毕业后还远赴新西兰留学。回顾成长之路，他感触颇深地说："谢谢妈妈等待我脱胎换骨。"

布莱恩不是坏孩子，幸好妈妈懂他。

（原 生 家 庭 潜 意 识 里 的 恐 惧）

认为文凭至上而要孩子追求学历

"孩子拒绝上学"通常是因为在学习中找不到自我价值，又不清楚自己要什么，于是就迟到、早退、旷课等，出现种种叛逆行为。此时，家长会感到丢脸，也会害怕孩子没有文凭，无法在社会上立足，一事无成。

请家长先别去担忧遥远的未来，而是掌握"近"处的可能性，让孩子静下心，看到人生的多种可能，这样反而更能摆脱"拒绝上学症"。

关于这一点，《父母的觉醒》的作者沙法丽·萨巴瑞博士提醒各位父母："这是你的孩子自出生以来离你最远的时刻，他们正在埋头成长，需要空间。因此，你必须从以往的主导位置退下，重建亲子关系，不能再当那个权力在握的父母了。"

唯有父母先放手，愿意等待和引导，才有机会看到孩子将他们的手伸过来。

（ 家 长 成 长 自 我 探 索 ）

———

孩子拒绝上学的深层原因是什么？

① 我发现孩子的无助和求救信号了吗？

☐ Yes ☐ No

自我叮咛

_____

_____

_____

② 我愿意从主导位置退下，重建亲子关系吗？

　　☐ Yes　　☐ No

(自我叮咛)

_____

_____

_____

丧亲之痛：
陪孩子走过生命巨变

十岁的儿子学明放学回到家一脸不开心，李妈妈凑到他跟前问："在学校被老师骂？""和同学吵架了吗？""功课很多吗？""身体不舒服吗？"但无论妈妈怎么追问，学明就是一声不吭。

晚上七点多，李爸爸下班回到家，听说这件事，就直奔儿子的房间。十分钟后，爸爸搂着号啕大哭的儿子走出房间。

原来，白天在课堂上，学明听老师说人的平均寿命是八十多岁，一时深受打击，担心有一天会失去父母。

学明的父母感到束手无策，死亡本是人间常事，儿子何须担心？虽然长生不老是不可能的，但如今科技进步、医学发达，延长寿命已非天方夜谭，况且他们离八十岁还有几十年呢！他们究竟是该加强孩子的生命教育，还是劝他别想那么多呢？

李妈妈对我说："学明从小就善解人意，和我们关系很好，不像有些小男孩老是闯祸。可是，他也比较多愁善感，有时让我们不知所措。当他说害怕有一天爸妈都不见时，我们还笑话他。这不是很久以后的事吗，现在有什么好伤心的呢？但是，这样劝也没有用，毕竟十岁孩子能理解的有限。吴老师，我们要如何开导他呢？"

李妈妈还提及学明三岁时，爷爷生病离世了。葬礼上，由于老公是长子、学明是长孙，两人得到棺木前向死者致意，没想到学明竟哭喊着："爷爷，不要睡，带我出去玩！"

经过不谙世事的孩子这么一闹，亲友无不伤心，爸爸赶紧把他抱离现场。回想起这件事，夫妻彼此间道："孩子当时是不是被吓到了，如今对死亡还有阴影？"潜意识里，每个人对死亡都有着不解、恐惧的情绪。即便是得道的智者，往往也得经过长年的修行，才能了悟生死，不为所困。

泛泛之辈的我们可以告诉自己"不要想太多，活在当下"来转移对死亡的困惑和担忧，然而，对于不明事理的孩子，又该如何引导呢？

"小时候，他吵过要养宠物吗？"

李妈妈虽然是个家庭主妇，但在学校担任志愿者，也常常到社区做志愿服务，是个见多识广的现代女性。听我这么一问，她马上恍然大悟地说："有，他曾经吵着要养金鱼，但我们怕他不认真照顾，一直都没答应。对！这是一个好主意。"

养宠物可以经历说再见的过程，当孩子心爱的宠物走到生命尽头，父母可以带孩子进行一个小小的告别仪式。

"当初他那么小，没想到那些事还留在他脑子里。吴老师，我老公让我请教你：如果我让儿子给爷爷写封信，对他会起到帮助吗？"

"确实有帮助，他一边写，一边整理对爷爷的思念、感谢，遗憾和害怕自然会减少。更重要的是，大人也要跟着做……"

李妈妈打断我，她没想到面对如此情形，大人一样需要改变潜意识里对死亡的迷惑和恐慌。

"没错，父母也要厘清对死亡的感受，学会以健康的心态面对死亡。一旦遇上亲友离世，就不会过度悲伤，在孩子面前也不至于情绪崩溃。你也知道孩子很容易从父母的表情、声音、动作去感受事件的轻重。对于亲人的离开，我们不可能不悲痛，但也不能悲不自胜，这样孩子才能从父母身上学会坦然面对生命的结束。"

李妈妈走之前，很有感触地说："我回去要好好抱抱儿子，他让我们发现自己还有未完成的功课。"

——

畏惧死亡的话题，对孩子顾左右而言他

为了摆脱生离死别带来的痛苦，"悲伤疗愈"是很有必要的过程。然而，不只是孩子畏惧死亡，成年人在触及这类话题时，多半也是顾左右而言他，不知如何回应。

很多人忌讳谈死，而没能好好处理潜意识里对死亡的恐惧。对于死的看法，因各人信仰不同，也会有不同的想象，但很多人认为死亡就是终点。

无论如何，请正视生命教育的重要性。如果父母能跨越对生的执着，把死视为生命的自然规律，孩子就比较容易从亲人逝去的悲伤中走出来，父母也能从中获得成长。

（ 家 长 成 长 自 我 探 索 ）

———

我能坦然面对悲伤吗？

① 我可以和孩子直接聊生死大事吗？

☐ Yes　☐ No

(自我叮咛)

_____

_____

② 悲伤的时候，我愿意接受孩子的安慰吗？

☐ Yes　☐ No

(自我叮咛)

_____

_____

_____

高龄产妇：
因来之不易而过度呵护

　　有一对母子来听我的演讲，二十岁的儿子和大家分享了一段往事。他上高二时，某个周末和同学有约，准备骑自行车出门。没想到，妈妈挡在他面前，不准他骑车。"这五百元拿去，来回都打车。"妈妈坚持说。

　　"我已经够大了，自己会小心。"大男生不明白妈妈为什么反对他骑自行车。

　　妈妈心里是怎么想的呢？

我邀请身旁的一位妈妈分享。她心有戚戚地说道："我们做妈妈的，看到孩子要在天色将暗时骑车出门，而且还很着急的样子，难免会担心他在路上出事。"

另一位妈妈马上附和："马路如虎口，我也不喜欢女儿骑自行车。"

听到这里，大男生有点理解妈妈的顾虑了，但还是坚持自己的想法：我已经长大了，我会照顾好自己。

父母和子女之间似乎很难达成共识，问题究竟出在哪里呢？按照青少年身心发展的趋势，十三岁至十八岁正是孩子认识自我、追求独立的阶段。可惜很多父母对子女放心不下，总是千叮咛万嘱咐。

轮到大男生的妈妈发言了。五十多岁的妈妈脸颊丰润，看起来和气慈祥，她说："我只是希望他安全，坐出租车不是很好吗？"

"希望儿子按照你的建议去做，这是意识层面的想法。我想问的是，你的潜意识里有什么恐惧呢？"我引导她去面对真正的问题。

妈妈愣了一下，她没想到自己的行为还有更深层次的原因。沉思半晌，她说："可能是因为我当初是高龄产妇，好不容易才生下他。而且就只有这么一个孩子，所以特别宝贝。"

"没错，人的潜意识里有各种想法。如果不能察觉，亲子冲突就会层出不穷。"我提醒这位妈妈，同时又询问她："如果现在的你回到那个时候，会怎么处理呢？"

大男生认真地盯着妈妈，期待她能明白自己没必要那么紧张。全场家长屏息静待，想知道她会有什么领悟。出乎大家意料，这位妈妈回应道："吴老师，看到儿子站在台前，和你侃侃而谈，我发现他长大了，变成熟了……"

说到这里，大家会心一笑。天天看，不见得能发现孩子的变化，当给孩子一定的空间，反而能看出孩子是独立个体，有自己的想法。

"如果回到那个时候，我不会再挡在他面前，也不会拿钱出来让他打车。我会相信他可以照顾好自己，跟他说'好好玩，晚点见'。"

听到这里，家长们热烈鼓掌，这位妈妈说出了大家共同的心声。她明白了不要被潜意识里的恐惧牵制，该放手就放手。

这时，我转向大男生说："今天是被妈妈逼来的，对不对？"

已经上大学的大男生显然比高中时成熟多了，知道给妈妈一个台阶下。他幽默地说："呵呵！我是自愿被逼来的！"然后，偷偷对我使了一个眼色。

（原 生 家 庭 潜 意 识 里 的 恐 惧 ）

————

因来之不易而过度呵护

高龄产妇是二十一世纪家庭的新趋势，年轻女性比以往更注重自我价值的实现，毕业后不急于成家，而是在"成就动机"的引领下，努力追逐梦想。这些女性全心全力在职场奋斗，自然会影响到结婚，生育也随之延后，很容易就进入高龄产妇的行列。

高龄产妇身心更臻成熟，从思想和性情来看，确实更适合养儿育女。但因为得来不易，有些人会过度呵护子女，其潜意识深层的恐惧是害怕"失去"。如果高龄产妇能以平常心对待子女，亲子关系就能变得轻松。

（家 长 成 长 自 我 探 索 ）

————

高龄产妇的心结

我相信孩子能照顾好自己吗？
☐ Yes ☐ No

自我叮咛

家庭序位：
谁是一家之主？

　　月珍和老公对于两个儿子的教育问题越来越无力。最近，上高二的老大阿威经常不服气："阿邦他们家都没有要他念书，为什么我就要？"阿邦是阿威大伯的儿子，在爷爷奶奶和父母的溺爱下，成天只会上网。

　　"阿邦是阿邦，你是你，你们不一样！"月珍想让孩子理解每个家庭都是不同的。

　　对这种说法阿威并不认同，依然回嘴道："什么地方不一样？"上小学六年级的二儿子阿晋也有样学样地说："对啊？不都一样吗？一样的爷爷奶奶啊！"

　　两个儿子顶嘴，月珍招架不住，便要老公出面。不料，老公无奈地回应："大哥就是那副德性，连我老爸都管不了，老妈又最疼他，从小他就爱欺负我，现在连儿子也被他影响了。"幸好，在夫妻俩无计可施的时候，月珍因机缘巧合来到我的训练营学习。

　　轮到月珍进行家庭序位的探索时，我建议她把住一楼的爷爷奶奶、住二楼的大伯一家、住三楼的二伯一家都纳入序位排列里。学员们纷纷出来扮演月珍家族中的角色，借由成员间的互动，月珍看到两个儿子反而和大伯一家比较亲近，尤其是阿邦，这个发现让她颇为感慨。

　　当初，公婆出于好意，安排大家住在一起，但时间久了，孩子们分不清界限，以为在家族企业掌权的大伯最有主见，凡事都要依从他的规则，搞得月珍苦恼不已。

　　有一天傍晚，月珍老公一进卧室就抱怨："气死人了！大哥又骂我，我明明按照他交代的条件和客户谈，结果今天客户取消订单，他就怪我，骂我笨，哪有这样不尊重人的！"

　　月珍趁机说出心中的困扰："今天，大嫂也来劝我管好两个儿子，说他们到了二楼就开冰箱、拉抽屉。她也不想想，阿邦来我们四楼不也是东翻西找？老公，再这样下去，我们会越来越难管教阿威、阿晋。怎么办？要不然我们……"

月珍还没说完，老公就心有灵犀地说："老婆，上回你说要搬家。为了孩子好，我们就认真想想这件事吧！"月珍喜出望外，夫妻俩终于有了共识。

月珍再次来到训练营时，整个人神清气爽，曾经有过的恐惧似乎烟消云散了。例如：害怕被公婆和族人批评，担心教不好孩子会被取笑，害怕被认定是做不了主的儿媳。在搬离婆家后，这些潜藏的压力就像洋葱皮般剥落，每脱去一层，她的心里就舒坦一些。

月珍笑眯眯地说："过去没想通，如今我明白了。老公在家族年纪最小，我在自己家里也是最小的孩子。和家人互动时，我们常被视为'成不了气候'的人，凡事都要听他们的，连带两个孩子也被他们纳入管教的行列。长此以往，我们夫妻也不被自己的孩子尊重，亲子关系越来越紧张。"

如今，少了盛气凌人的大伯、大嫂，少了阿邦这个不好的榜样，月珍一家都找回了自己合适的位置。她满意地说："我们夫妻重新制订了家庭规则，两个孩子在新家也不再胡闹，生活和学习都有了改善。"

如果父母在家族中人微言轻，往往也得不到子女的认同。想想看，一个孩子如果看不起自己的父母，又怎会接受父母的教导？

好在月珍夫妻一察觉到孩子脱轨行为背后的家族因素，就果断离开大家庭，让孩子在小家庭中成长，并逐渐接受父母才是一家之主的事实。

月珍说："现在，两个儿子有事都会来请教我们，也不会先斩后奏了。至于公婆那边，我们也没有疏远，逢年过节，大家仍会见面，而且能互相尊重了。"

能有如此皆大欢喜的改变，月珍功不可没。

（ 原 生 家 庭 潜 意 识 里 的 恐 惧 ）

—————

父母在家中没地位而被子女看轻

家庭序位关系到孩子的自我认知。如果家庭序位排列错误，成长中的孩子会找不到自己合适的位置，家庭问题也会层出不穷。

有人穷尽一生努力调整原生家庭的序位排列，从远远疏离，到勇敢面对、逐步向前，最后热情相拥，一步步找到自己与家人最理想的对应关系。

但是，有些在原生家庭被忽略、冷落的孩子，长大后在自己组成的家庭又重蹈覆辙，只不过被忽略的小孩换成自己的子女罢了。

如果父母能在原生家庭找回位置、受到重视，孩子自然会找到自己的位置，并学会尊重父母。

（ 家 长 成 长 自 我 探 索 ）

——

我的家庭序位影响了孩子吗？

父母有合适的家庭序位，更容易引导孩子成长吗？

☐ Yes　☐ No

自我叮咛

PART

③

原生家族潜意识里的恐惧

为了孩子的幸福着想，我们要及时表达自己的想法，

和上一代协调出更理想的教育方式，

让孩子免受原生家族负面潜意识的伤害。

重男轻女：
"真没用，连这个也不会"

　　玉璇的婆婆生在重男轻女的时代，从小在家里不受重视，结婚后在夫家不受待见。老公嗜酒嗜赌，早早离世。

　　"查某人就是没价值。"婆婆常喃喃自语。

　　玉璇在娘家备受宠爱，不会因婆婆自我贬低而跟着看轻自己。她担心的是，女儿宁宁和婆婆朝夕相处，可能会受到影响。

　　她担心的事终究还是发生了。女儿两岁多时，有一天对洋娃娃说：

"你好笨，连这个都不会。"一旁的玉璇听了心里一惊，大声问女儿："谁教你说这句话的？"

"奶奶啊！"

玉璇怪自己工作忙碌，没注意到女儿已经受到婆婆潜意识的影响。她说："我当然感谢婆婆帮忙照顾孩子，让我们夫妻俩可以安心工作。但是，老人家的言行成了孩子的反面教材，我该怎么办？我也不好说教长辈呀！"

"你可以跟老人家好好沟通，一定要尽早让女儿在良好环境里成长。"

玉璇渴望改变婆婆的观念，给女儿提供良好的成长环境。于是，我建议她善用沟通四大秘诀——找对时间、找对地方、找对人、说对的话，而不是忤逆长辈。

有一天，玉璇和老公、婆婆带着宁宁到公园玩，她和老公在树荫下聊天，婆婆带着宁宁滑滑梯。没过多久，她就听见婆婆大声挖苦宁宁："你真没用！连这个都不敢。"

原来，女儿第一次接触滑梯，临场退怯了，两只小手紧抓滑梯顶端的两侧，不敢松手。这时，玉璇想起我的建议，马上走到婆婆身边说："妈，我们要给宁宁鼓励，她没玩过滑梯，需要多一点时间做心理准备。"

婆婆愣了一下，但没有生气，而是换了个口吻说："宁宁，你做得到的！你看，爸爸在前面等你哦！"听婆婆这么说，宁宁终于松开了手，鼓起勇气往下滑。

见女儿开心大笑，玉璇也跟着心花怒放，立刻感谢婆婆："妈，谢谢你！以后，我们也要跟你一样，用正面的方式鼓励宁宁！"

"好啊！"婆婆看起来很吃这一套，还对着手舞足蹈的宁宁张开双手，喊着："好棒啊！一下子就滑下来了，我们宁宁真勇敢，对不对？"原来长辈跟小孩一样，给他们鼓励，向他们表示感谢，他们是愿意调整的。

※

还有另一个成功案例。月云离婚后，带着子女回娘家。当初，因为爸爸脾气不好，会动手打她，她不到二十岁就趁着有人追求，早早结婚逃离娘家。如今离了婚，孩子还小，需要人帮忙照顾，月云不得已又回了娘家。

起初，女儿三岁多，儿子八个多月，老人家照顾起来还有余力。一年半后，儿子有能力表达了，两个年幼的孩子就经常争吵。月云下班回到家，常常听到父亲出言恐吓孩子："再吵，我就打死你们！"

她童年有过的恐惧和愤怒再度涌上心头，想起小时候常常在夜里默默哭泣的情形，开始问自己：我要孩子和我一样不快乐地长大吗？

　　答案当然是"不要"！

　　当下，月云下定决心。趁着中秋节阖家赏月烤肉，两个孩子和外婆拿着肉串玩得不亦乐乎时，月云先向父亲道谢，又谈起小时候因不乖而挨揍的情形，然后说道："真的很谢谢爸，现在孩子不乖，爸也不会打他们，你是怎么做到的？"

　　这句话其实是"反话"，父亲也是聪明人，一听到女儿如此"提醒"，立刻望向两个可爱的外孙、外孙女，保证道："我的脾气确实要好好改一改，打骂都不是办法。你放心，如果我发脾气了，就会请你妈照顾他们。"月云用了"以退为进"的沟通模式，巧妙地让父亲自我察觉，并承诺不会动手打外孙、外孙女。

　　玉璇和月云在看到长辈可能给孩子造成心理阴影时，为了孩子的幸福着想，及时表达自己的想法，和上一代协调出更理想的教育方式，让孩子免受原生家族负面潜意识的伤害。

（ 原 生 家 族 潜 意 识 里 的 恐 惧 ）

因歧视女性而处处贬低女性

封建社会盛行"重男轻女"的观念，因为男丁需要到田里工作，人们把体能较弱的女性视为"赔钱货"。

如今已是"三百六十行，行行出状元"的时代，女性在职场上也能有所成就，男性和女性在生产力上没有多少差别。但有些长辈因为原生家族错误的教育方式，依旧有着歧视、压制女性的观念，不自觉就会对女儿或孙女说出伤人的话，或做出贬抑的行为。他们忘了女性也是独立个体，也是应该受到尊重的"人"。

（ 家 长 成 长 自 我 探 索 ）

对女性价值的认同

①家族长辈对教育女儿的困惑：

困惑 A: _____

困惑 B：_____

_____

②我受到"重男轻女"观念影响而有的困惑：

困惑 A：_____

_____

困惑 B：_____

_____

护孙心切：
顾孙顾到"人怨"

　　有一回，我在训练营里谈到负责隔代教育的长辈容易因为护孙心切，而不自觉地把潜意识里的恐惧传递给儿孙。

　　活泼大方的卉惠心有所感，立刻举手说道："我也差点被外婆害惨了，但我知道她不是故意的。"听她这么一说，班上的学员纷纷投以好奇的目光。

　　卉惠没直接说明原委，反而先问大家："大家是不是觉得我现在很阳光、活泼？"大家纷纷点头，有位男学员大胆推断："难不成你自闭过？"大家听了都摇头，觉得不可能。

卉惠不再吊大家胃口，开始说起童年往事："从小学三年级起，我的话越说越少……"沉默的卉惠？跟现在真是天差地别，大家想象不到她能有如此巨大的转变。

原来，卉惠出生不久就被父母送到外公外婆家。因为家中还有两个哥哥和一个姐姐，父母生意忙碌，无力再照顾一个孩子。

外公是农民，一年四季都要种菜、种水果，再拉到市场去卖，忙得不可开交。所以，卉惠总是黏着外婆。

从小，卉惠就跟父母、兄姐关系疏远，一直把外婆当作妈妈。外婆也对她疼爱有加，让她在关爱下养成了温和乖巧的性情。父母偶尔带哥哥姐姐回外婆家时，常会说："你们看卉惠多乖，不吵不闹，哪像你们吵个不停。"

长久以来，卉惠都以为"乖"才能讨好大人，就可以一直留在外婆身边。上小学后，卉惠常找同学玩耍，不是卉惠到杏杏家写作业，就是杏杏到外婆家写作业。有时，两人还相约去找其他同学玩。

等到卉惠上三年级时，情形却反转了。

某一天，她下课回到家，看到外婆神色紧张地对着忙完农事的外公说话。吃晚饭时，外婆一言不发，面色凝重，不像平日和颜悦色。外公也沉默不语，看起来心事重重。

晚饭后，外婆嘱咐收拾碗筷的卉惠："从明天起，你下课后就直接回家，听到没有？不准去同学家玩，也不要让同学来我们家，路上碰到陌生人更不能跟他们说话，要赶快跑回来。"

卉惠随口问道："有什么事吗？"外婆反常呵斥道："小孩子不要问那么多。"吓得卉惠不敢多问。

隔天到学校，她也听到风声了。据说，小镇里另一所小学有两名女生在假日相约出游，结果一去不回。父母、校方心急如焚，社会新闻也炒得沸沸扬扬，有人谣传两个女孩被骗入了火坑。

那阵子，小镇里死气沉沉，卉惠也不懂如何把事情摊开和外婆讲，但外婆明显对卉惠管得更严了。有一回，外婆还语重心长地说："你要乖，如果你走丢了，我可没办法向你爸妈交代。"

想起当年的情景，卉惠说："在外婆家很闷，没什么话说，尤其在我上高中时，外公生病走了。外婆此后变得很安静，我俩更是无话可说。直到考上大学，我搬进学校宿舍，换了环境，才有机会看到自己还有另一种面貌。长久以来，我都被外婆的恐惧困住了。她过去常对我说：'外面坏人多，小心被拐走。'年纪尚小的我对社会认识不多，就这么相信了大人的话，从此变得小心翼翼。有时下课回到家，还会站在门边向外探望，看看是否有人跟过来。"

"那么，你是怎么改变这么大的呢？"我好奇地问。

"上大学时，我已经长大懂事了，经常参加班级里的活动，才发现自己原来是个活泼外向的人，喜欢交朋友。"

"你会怪外婆管你太严吗？"

卉惠想了想，说出了自己的心路历程："我的确怪过外婆。其实她讲一两遍我就懂了，不必每天再三叮咛。不仅弄得草木皆兵，也让我的性格变得很古怪。幸好妈妈发现我过于安静，在我上高中时，她放慢事业脚步，常约我和姐姐外出聚餐，加上我上大学后远离外婆，性格慢慢变得开朗了。"

孩子会吸收身边大人的情绪能量，并在不知不觉中内化。所幸卉惠喜欢自我探索，找到了转变的契机，很快就恢复了原本的品性。

（ 原 生 家 族 潜 意 识 里 的 恐 惧 ）

———

唯恐辜负子女的托付而护孙过度

担起隔代教育责任的老人家特别容易有"护孙心切"的情况，孩子和隔代长辈朝夕相处，以致有时无法分辨他们的教诲是否正确，只会一味相信大人的话。

然而，长辈带着原生家族潜意识里的恐惧，唯恐不能担起管教的责任，造成孙子或孙女走失，或成为不良少年，因而焦虑不安、嘱咐不断，反倒使家中气氛紧张。

（ 家 长 成 长 自 我 探 索 ）

———

长辈的护孙焦虑

①长辈对孙子女带有过度保护的困惑吗？

困惑 A： _____

_____

困惑 B: _____

_____

②和长辈相处时，我有哪些困惑导致我放弃沟通？

困惑 A: _____

_____

困惑 B: _____

_____

暴力传递：
说不出口的抱歉

智超有两个儿子，大儿子乖顺听话，小儿子则调皮捣蛋，和爸爸冲突不断。

小儿子博彦两岁时，有一回莫名哭个不停，智超大声喊他到跟前，想问清楚原因，但他就是不肯理会。智超这下不耐烦了，又怒吼了博彦几句，反倒让他哭得更伤心，甚至哭到呼吸困难、脸色发青。

智超的老婆淑菁见状，吓得赶紧用力拍博彦的后背，他才终于缓过气来。好在有惊无险，她差点就要带孩子上医院急诊了。

这件事之后，博彦更叛逆了。智超越管教，他就越反抗，但智超并不觉得自己有错。做爸爸不就是要有威严，不能让孩子学坏吗？

淑菁常常数落智超，怒骂孩子是不当管教。但他想：那老婆又做对什么了吗？她教导孩子没有原则，只要儿子们凶一点或不理会她，她就没辙。智超看出老婆的软弱，更是坚定自己的想法。

博彦上小学三年级时，某个周日午后，淑菁找了三四个小时都找不到他，只能忧心忡忡地向老公求救。

夫妻俩一起找了几处儿子可能去的地方，却看不见他的踪影，只好回家等。直到下午六点，博彦才从外面蹑手蹑脚地走进家门，一进门，就被守在客厅怒气冲冲的老爸用皮带狠狠抽了一顿。智超一发不可收拾，把博彦打得哇哇大叫，连过来劝阻的老婆也被波及。

原来，博彦跑去网吧打游戏，这让智超更加怒不可遏。孩子本来就不乖，现在又到网吧混，这样下去会有什么好结果呢？

淑菁担心父子之间感情不和，便决定参加学校的训练营，认真阅读各种亲子教育书籍，还对两个儿子因材施教。

淑菁跟老公提起小儿子有"童年的愤怒"，被他说是小题大做。提及大儿子自信不足和智超严厉的态度有关，也被他嗤之以鼻。后来，淑菁提到"你和你爸爸有什么不一样"，才终于让他动摇。

提起父亲，智超内心的怨怼油然而生。

他父亲成天无所事事，还沉迷赌博，田里农活常由妈妈、姐姐去做。稻谷还在晒谷场，就被债主都搬光。除此之外，他还嗜酒如命，酒后甚至家暴，种种行为让妈妈欲哭无泪，也让智超的姐姐和妹妹没能受到良好的教育。

智超虽然能够上学，但没能逃过父亲的暴力。上高中时，有一次他在房里听音乐，可能是音量太高，吵醒了午睡的父亲，父亲气得拿了扁担就要冲进房揍人。虽然那次他及时往门外冲，没让父亲"得逞"，但也因此下定决心搬到学校宿舍住。智超住到外面后，很少和父亲见面，直到结婚生子后，才逐渐和父亲修复关系。

如今被老婆骂醒，智超才惊觉自己延续了原生家族的打骂教育，并没有因痛苦的童年经历而学会关爱孩子。老婆常说："你要改！"但他该从何改起呢？要他一个大男人搞相亲相爱那一套，他可做不到。

和父亲一向疏远的博彦，参加工作又结婚生子后，多少体会到了做父亲的压力，愿意与父母同住。

在三代同堂的日子里，过去经常打骂儿子的智超变成了和蔼可亲的爷爷。他会带着两个孙子到公园和室内游乐场玩，祖孙三人总是玩得不亦乐乎。有一次，淑菁忍不住对智超说："你确实变了，但对儿子还是不够友善。"

不够友善？难道要他们两个男人搂来搂去才行吗？更何况小儿子已经工作多年，要是他突然故作亲密，一定会被认为是虚情假意。

"你不用特意做什么，只要儿子们说话时，看着他们的眼睛，并且好好回应，别心不在焉就行了。"淑菁甚至要智超对博彦说声"对不起"，"说对不起无损你做爸爸的权威，还可以跟孩子和解。"

要他跟孩子道歉？那怎么可能！他父亲也没跟他道过歉呀！不过，老婆说得不无道理。虽然做不到正式道歉，但他用了另一种方式来表示歉意。他对小儿子不再严词厉色，而是多说"谢谢"。比如博彦买牛奶回家时，倒完垃圾时……他都会向儿子道谢。

"对不起"智超说不出口，说"谢谢"倒是难不倒他。淑菁笑他"当了爷爷才知道如何做爸爸"，说得一点也没错。

（ 原 生 家 族 潜 意 识 里 的 恐 惧 ）
——

怕被轻视，就以暴力示人

家庭暴力很容易在家族中代代相传，有些对子女施暴的父母可能从小是家暴的"目睹儿"，甚至自己有过受暴经历，因而心里留下创伤，也痛恨施暴一方。然而，当他们自己组成家庭时，却又不知不觉成了施暴者，对另一半或子女施暴。

一言不和就打骂孩子，是因为缺乏自我价值感。只有通过自我探索，重新在人际互动中找回自尊，学会与家人和谐相处，才能阻止暴力的延续。

（ 家 长 成 长 自 我 探 索 ）
———

诉诸暴力的原因

①家人有用暴力解决问题的困惑吗？

困惑 A： _____

_____

困惑 B： _____

_____

②我有以打骂方式教育子女的困惑吗？

困惑 A：_____

_____

困惑 B：_____

_____

家族阴影：
教训孩子给亲戚看

　　阿杰从小经常被父亲拳打脚踢，以现在的标准来看，都算得上是受虐了。

　　这一天，在训练营里，阿杰透露原生家族有一条不成文的规定——自己的孩子犯错，要先下手为强，以免别人说三道四。因为父亲潜意识里的恐惧太深，他经常无辜受罚。

　　"其实，我爸常骑车带我到处逛，还会给我买好吃的。"

"听起来你爸挺疼孩子啊，怎么打你这么不心疼？"我好奇地问。

"主要是打给别人看啦！"听阿杰这么一说，同学们都笑了起来。

原来，阿杰出身在大家庭，伯叔姑婶之间常为了芝麻绿豆的小事，教训自家小孩给长辈和亲戚看。

有一回，阿杰的堂哥阿勇拿弹弓捉弄堂妹珊珊，见珊珊痛得哇哇大叫，阿勇转身就跑。这时，阿杰正巧路过，又正好被父亲看到，阿杰就被打了一拳，父亲骂道："叫你不要欺负珊珊，怎么讲都不听！"阿杰觉得很冤枉，肩膀也被打得疼痛难忍，便大哭起来。这时，小婶跑过来解释说："三哥，不是阿杰啦，是阿勇打的。我在旁边洗菜，看得清清楚楚。"

阿杰在大家庭长大，而父亲体弱多病，工作能力也不如家族中其他男性，在七位兄弟中最不受爷爷奶奶重视，加上只有阿杰一个孩子，便常常打阿杰，想让家族其他人知道自己在好好管教小孩。

幸好阿杰遗传了母亲聪明伶俐的基因，自己也很争气，一直是班上的佼佼者，中考考上第一志愿的高中后，就不再挨父亲打了。成绩优异成了他的保护罩，加上爷爷奶奶相继离世，伯叔分了家产后各自发展，大家族的阴影便渐渐淡化。然而，潜意识里的恐惧还是会悄然作祟。

后来阿杰考上医学院，担任实习医师时，母亲因罹患胰脏癌过世了。阿杰责怪自己没及时注意到母亲的异状，于是把父亲接到身边一起生活，方便照顾。

一年后，阿杰结了婚，还有了儿子小明。有一天，三岁的小明不小心打翻了茶几上的热水杯，虽然没被烫到，但仍被阿杰抓起来痛打屁股。

"你为什么要打他？他又不是故意的。"在房里听到动静，行动已经不太灵活的父亲跑出来阻止阿杰。这时，阿杰更加不满，呵斥道："当年你打我更厉害，现在怎么又不准我教训孩子了？"父亲顿时不知如何回应。

见父亲慢慢走向客厅的沙发颓然坐下，阿杰停住了手。又听小明不停抽泣，他知道自己情绪失控、出手过重了，当场懊恼得痛哭流涕。没想到，儿子反过来安慰他："爸爸不哭，我以后会乖乖。"阿杰听到儿子这么说，小时候的委屈、愤怒排山倒海而来，让他情绪溃堤，更是泪流不止。

这天是周末，阿杰的妻子有事外出，他哄完儿子睡午觉后，来到客厅准备擦地板，却见父亲佝偻着身子，正吃力地抹去地上的水渍。

"爸，我来，你休息吧！"阿杰说了两三遍，父亲仍闷头擦拭。

这时，阿杰突然听到这一生最想听到的话。

"阿杰，以前爸爸常打你，是爸爸不对，但你要原谅我啊！在那个时代，家族里大家都看不起我，我可不想让他们说我连自己的儿子都管教不好。现在时代不一样了，你不要再打小明……"老父亲努力压低哭声，不停抖动的肩膀揭穿了他的情绪。

　　阿杰看了于心不忍，一把抱起父亲："爸，过去的事不要提了。你赶紧坐下，要顾好身体。"扶着瘦弱的父亲坐好后，阿杰看到他泪流满面，还喃喃自语："你别学我打小孩。"

　　说到这里，阿杰对班上的同学感叹道："那时我才知道，其实老爸心里清楚我多年来的恨。"

　　"你现在还恨吗？"有学员突然冒出这句话。

　　只见阿杰摇摇头，温柔而坚定地说："当然不恨了，老爸只有一个，现在我疼他都来不及啊！"

（ 原 生 家 族 潜 意 识 里 的 恐 惧 ）

——

害怕被亲戚说闲话而矫枉过正

　　家族观念是指原生家族里用来约束彼此的惯例，祖辈的想法、做法通常会一脉相承。

　　亲戚之间有很多话是不讲开的，只会用眼神示意，让大家在互相监督下谨守家规。

　　在这个过程中，家族潜意识里的恐惧也会一代代传下去。然而，上一代的人害怕被说闲话、担心被瞧不起，不免会让子孙成为代罪羔羊。

（家长成长自我探索）

家族的潜规则

①我的家族有哪些潜规则：

潜规则 A: ＿＿＿＿＿＿＿＿＿＿＿＿＿＿＿＿＿＿＿＿

＿＿＿＿＿＿＿＿＿＿＿＿＿＿＿＿＿＿＿＿＿＿＿＿

潜规则 B: ＿＿＿＿＿＿＿＿＿＿＿＿＿＿＿＿＿＿＿＿

＿＿＿＿＿＿＿＿＿＿＿＿＿＿＿＿＿＿＿＿＿＿＿＿

②哪些家族潜规则对孩子造成了影响？

潜规则 A：————————————————————————

————————————————————————

潜规则 B：————————————————————————

————————————————————————

快乐有罪：
不习惯快乐的家族

　　幸福喜乐，是大多数人追求的，但有些长辈不苟言笑，认为会乐极生悲，还常训诫晚辈说："不要太高兴，以免惹祸上身。"

　　真的会乐极生悲吗？从情绪管理的角度来看，人并不会因快乐就变得不幸。通常是在喜事发生后，正巧遭遇厄运，人们便误以为两件事是相关的；或者，人们因得意忘形或招人忌妒，使乐事成了祸端，从此便认定"乐极生悲"，并以此警示子孙。无论如何，这都是以偏概全的想法。

　　近日，学员明真和我提到她女儿，令我感触甚深。

明真和前夫离婚后，女儿和爸爸住。爷爷奶奶因为住在附近，也常常去探望。

有一天，明真开车载十三岁的女儿出游，亲子欢聚结束后，又载女儿回到前夫家。下车前，乖巧的女儿低着头小心翼翼地说："妈，有一件事希望你不要生我的气。我今天玩得很开心，但如果爸爸问我跟你出去好不好玩，我会说'一点也不好玩'，这样下次我才有机会和你见面。"

明真怔了一下，但很快就明白了，女儿被夹在分开的父母中间，一直如履薄冰。

"没事，妈妈不怪你，我们自己知道就好了，是不是？"明真安抚道。确定妈妈并不介意，女儿才放心地下了车。

明真和我分享时，除了心疼女儿从小被夹在父母中间左右为难，也对孩子被迫早熟感到自责，但她一点也不后悔离婚。

"那个家我根本待不下去。"明真告诉我她婚姻的始末，以及她对"乐极生悲"这种家庭观念的抗拒。

新婚期，小两口还住在婆家。明真对婆家的规矩尚不熟悉，受到了不少震撼。

有一回，大家坐在客厅看电视，看着屏幕上的艺人在搞笑，明真忍俊不禁，扑哧笑了起来，没想到马上就感受到左侧一道刺人的目光。

坐在那里的是公公，一脸严肃的他冷冷地说："有这么好笑吗？"明真立刻收住笑声，心里满是纳闷与尴尬。

婆婆见状，赶紧打圆场说："明真怀孕了，不要看太久电视。承达，你带她回房休息吧！"小两口一进到卧室，明真就被老公数落："就跟你说会乐极生悲吧！你偏不信。"

渐渐地，明真发现婆家的一些"阴暗面"。在这个家里，没有高谈阔论，没有欢声笑语，和她的原生家庭迥然不同。一个家庭害怕或不习惯快乐并非一朝一夕的事，而明真的老公也开始用公婆限制他的方式来限制老婆。

夫妻俩为此争吵时，明真常忍不住问老公："当初你说喜欢看我大笑的样子，为什么现在反而不准我开心了呢？"他给不出答案，因为他也没察觉到原生家庭的压抑早已在他的潜意识里扎根。

女儿上学后，明真终于有机会重返职场。由于她聪明干练，做起业务来得心应手，因此一路升职。

有时，她在家会接到客户的电话，对待客户多少要笑脸逢迎，但如果被老公撞见了，总会挨几句冷言冷语："看你笑成那样，对客户比对老公还热情。"

念在夫妻情分，明真曾想帮助老公挣脱原生家庭的负面情绪，也邀请他参加训练营，但总被他一口回绝。

老公不肯改变，明真的忍耐也有限，他们的关系终究瓦解了。有一天，明真洽谈多月的客户终于答应签约，拿到大订单，她得到了老板嘉许、同事恭喜。回到家，她忍不住分享这个好消息，当时上小学六年级的女儿跑来抱她，说："妈妈好厉害！"正当她喜不自胜时，却见老公露出冷峻的神色，不以为然地说："订单哪有那么容易到手，你是不是跟客户上床了？"

明真总算清醒了，这个男人根本无法"有福同享、有难同当"，她不想再过委曲求全、长期压抑的生活，便下定决心离婚。

离婚后，女儿的抚养权归前夫，明真一个月只有两个周末可以见女儿。幸好，已经上高三的女儿没受到原生家庭的影响，个性落落大方，和妈妈一样喜欢笑。

明真笑着说："可能是因为我的基因比较强，加上女儿从小就常跟着我听演讲，性格比较豁达，自我探索能力也强。她说将来要做个传播快乐的人，让大家每天都过得开心。"

明真摆脱了"乐极生悲"的桎梏，和女儿见面时，也向她传导正向观念，让她不受原生家族的影响。"我鼓励女儿自得其乐，并且助人为乐。"明真说。

谁说乐极会生悲呢？快乐本来就是人类应当享有的，不是吗？万一碰到不习惯或害怕开怀大笑的人，要先厘清是他的问题，还是我们的问题，才不会受到影响啊！

（ 原 生 家 族 潜 意 识 里 的 恐 惧 ）

——

相信物极必反，因而怕乐极生悲

有一些家族认定"快乐有罪"，也让子孙有了"太快乐会让家人不开心"的观念。

这样的家族潜意识里认为："快乐多了，悲伤或不幸的事也会变多。"这种思维不符合人性，而且不容许情绪的正常宣泄也会导致身心失衡，因而造成家庭失和、家人痛苦。

快乐是人的天性，趋乐避苦也是人的本能，如果家族有错误的观念，我们就要努力去矫正，别再让晚辈深受其害。

（家 长 成 长 自 我 探 索）

————

快乐也要节制吗？

我自己或家族有哪些"快乐有罪"的恐惧？

恐惧 A: _____

_____

恐惧 B: _____

_____

子女不婚：
年轻人究竟在想什么？

刚坐下，李妈妈就迫不及待地说："我给女儿介绍了好几个优秀的人，有医生，有工程师，上周她还和一位美国留学回来的博士见了面。但女儿表情都是冷冷的，问她有什么感觉，也总是回答'还好'。"

李妈妈的女儿交过男朋友，相处两年后不了了之，问她分手原因，她只说"没事"。

李妈妈是典型的传统母亲——一路陪伴孩子成长，等孩子的学业告一段落，又操心孩子能否找到好工作、好对象。但是，孩子明显有自己的想法，不想让父母过问。

李妈妈当年由父母物色了家世良好、受过高等教育的对象，婚后两人感情融洽。老公希望她专心做全职主妇，她也无怨无悔地为家庭奉献。

如今，看着女儿对谈对象一事"冷处理"，李妈妈非常焦虑、无奈，她问我："现在的年轻人究竟在想什么呢？爸妈又不会害她，每次帮她安排相亲，她总说要加班、出差，一副爱答不理的样子。到底是工作重要，还是婚姻重要？"

"有人确实把事业摆在婚姻前面；有人并非为了追求事业而搁置婚姻，只是想等到心灵契合的那个人，不想为结婚而结婚；有人更喜欢一个人的自由。总之，现代人的婚姻观念跟以前不同了，家长要做好心理准备。"我如此劝慰李妈妈。

李妈妈在原生家族的福荫下得到美满婚姻，但是想将相同的价值观套在女儿身上，显然是不行的。

李妈妈听了我的说法，突然压低嗓音，紧挨着我说："听我儿子说，她好像在网上认识了一个男的。哎哟！那些男人来路不明，怎么知道可不可以嫁啊？"

李妈妈内心有着许多恐惧，担心女儿在婚姻上受伤害，也害怕将来外孙或外孙女受苦。

※

　　无独有偶，有一对夫妻提起三个儿子时也苦恼不已。丈夫说："我帮三个儿子都准备好房子了，他们却没有结婚的打算。老三表示刚大学毕业，不急着结婚；老二很久之前就跟女友同居，但结婚遥遥无期；最头痛的是老大，他是科技公司的高层主管，条件非常好，也带过女友回家，但没几个月又换人了，真不知道他在想什么！"

　　在咨询过程中，我听出了问题所在。这个大儿子从小乖巧听话，比起两个弟弟，更知道父母养儿育女的辛苦，所以非常尊重父母的意见。有一次，他带了对象回家，爸爸却皱眉说："这个对象好吗？她学历比你低啊！"之后，他就慢慢疏远了这个温柔贤淑的女孩。

　　后来他又陆陆续续带了几位女友回家，其中一位因为身材娇小就被妈妈嫌弃："这个女生好矮，你们两个人走在一起差了一个头，不好看啦！我们不是反对，不过，你再想想吧！"爸爸也曾偷偷跟他说："你这次带回来的女生，我们看了很满意。但听你妈妈说，她有个整天在家打游戏的弟弟，以后你们会不会要养他啊？"

　　于是，大儿子不再带女孩回家。另外两个儿子私下透露说："大哥觉得很烦，这样不好，那样也不好，干脆就不找了。"

　　这对夫妻都是退休公务员，在大城市里省吃俭用养育三个儿子。如今，大儿子已经将近四十岁，却完全没有结婚的打算。他们想不通自己究竟做错了什么。

"你们没有恶意，天下父母心，都是爱孩子、为孩子着想啊！至于另外两个儿子，你们也会同样要求他们对象的家世、学历，甚至身高吗？"

满面忧愁的妈妈和丈夫对视一眼，脱口而出："他们才不让我们管，还嫌我们啰唆！大儿子比较乖。"

"你们发现了吗？大儿子很听话，他担心娶错妻子，反而不敢做决定。长辈的话是可以让孩子参考，但过分干涉会让他无所适从。"

急着抱孙子的老两口万万没想到，他们限制了太多，反倒让大儿子裹足不前。就像前面的李妈妈，她也是带着原生家族的期待，认为门当户对且外在条件匹配，婚姻才能幸福美满，却没想过在当下时代，大家更想遵从自己的意愿找对象。

婚姻由谁做主？父母面临着很大的挑战啊！

（ 原 生 家 族 潜 意 识 里 的 恐 惧 ）

——

认为"不婚"等于"不幸"

"子女不婚"是父母的隐忧，担心将来不能含饴弄孙，又担心孩子老去时得不到亲近家人的照顾，孑然一身。

传统观念里，"男大当婚、女大当嫁"是理所当然的人生路径。但如今，社会变迁，思想开放，晚婚、离婚、不婚、不育成了家庭结构中的新变化。

从家族的角度来看，当然希望多子多孙，而不是人丁稀少，甚至没有后代。然而，以现代年轻人的多元思维来看，婚姻已不是人生唯一的选择了。

（ 家 长 成 长 自 我 探 索 ）

——

对待结婚生子的心态

①对于结婚生子，家族长辈有哪些想法？

想法 A: _____

_____

想法 B: _____

_____

②我是被长辈催逼才结婚生子的吗？我曾有过哪些想法？

想法 A: _____

_____

想法 B: _____

_____

婆婆的眼泪：
被传统的角色绑架

有一天傍晚，儿媳突然走到我面前说："家里的事为什么都要你出面？"

她之所以会这么问，是因为家里天花板出现水渍后，我判断应该是楼上水管出了状况。因此，当老公下班回到家时，我立刻带他看天花板，并告诉他："你能不能上楼去问一下？"老公看了看，推托说："哎呀！这种事你处理就好了。"

看似尊重我，其实是不想管琐碎小事。长年来，家里的这种事他都推给我。我嘴上说归说，最后却自己承担。我认命地接受了预期中的回答，转身离开，拿着吃了一半的饭到客厅，很快就看到儿媳从房间里向我走来。

儿媳个头高大，我坐着她站着，给我带来了压力，加上她一脸凝重，让我很想赶紧弄清她的目的，便指着身边的位置说："有事找我吗？坐下谈。"

"家里的事为什么都要你出面？"她可能在房间里听到我们的对话，因为打抱不平就挺身而出了。

这是很多现代婆婆都有的尴尬。多年来朝夕相处，儿媳早已看清家里的人际矛盾。以她刚正不阿的个性，自然看不惯公公的大男人作风，也无法接受婆婆总是为了"家和万事兴"而逆来顺受。

如果大家只有过节见面，自然就看不到一些细节，也听不到一些委屈。只要不主动插手家事，一切就眼不见为净。然而，我们在一起生活。见公公又推掉我的提议，儿媳再也看不下去，因此跑来质问我。

我只能故作镇定，还冷静地安抚儿媳："我懂你的意思，没事。"见儿媳毫无动静，我倒有点手足无措了，一下看看她的表情，一下又看看电视，都忘了要吞下口中的饭菜。

尴尬了片刻，儿媳看我没有进一步动作，便转身回房了。留在客厅的我，心头突然袭上一股难受的感觉。大约一分钟后，惊人的事发生了——我居然流泪了。

怎么了？我怎么哭了？是因为老公不支持我，还是因为身为婆婆却被儿媳质问有了挫败感？

那碗饭我吃不下去了，立刻叫上老公："走！我们一起去找楼上的人，看看是哪一家漏水了。"老公并不知道儿媳跟我说了什么，只见我一脸坚定，于是二话不说，和我走出家门，按了楼上住户的门铃。整个过程，我一改过去"挺身而出"的习惯，让老公走在前头。

见到老公一家一家按电铃，又跟每一家讨论漏水的原因，我发现多年来自己真是太惯着他了。原来这种"抛头露面"的事他是会的，而且做得比我还好。

儿媳说得没错，她一针见血地指出我们夫妻之间的问题，对于一向息事宁人的我可以说是当头棒喝，也让我明白"让男人出头"其实是一件轻而易举的事。

至于我为什么掉泪呢？那是因为潜意识里的恐惧突然被揭穿，惊慌失措之余，派泪水出来告诫我：别装了，你的恐惧是真实的。

从小，我对"婆婆"这个角色是尊崇的，一直把她们视为学习的榜样。我的妈妈、外婆、奶奶、婶婆、姑婆……这些女性长辈，皆是她们那个时代女性的典范。不论是敬拜祖先，还是族里的婚丧喜庆，都是她们里外张罗，利落可靠的身影总令我敬畏。

因此，当我被儿媳质疑时，潜意识里的"婆婆地位"受到撼动，我察觉到自己的懦弱，因而羞愧得流下了"婆婆的眼泪"。

漏水事宜处理妥当后，我打电话给大儿子，讲了我掉泪一事。他听了之后说："妈，她是把你当成自己的妈，才会说这么实在的话，她是为你发声。"

噢！是我想太多了。

新时代的儿媳早就有了男女平等的观念，所以看到婆婆被欺负，就忍不住跳出来说话。而我这只大鸵鸟早就该把头从土里拔出来，"看清真相"比"有没有得到儿媳尊敬"更重要啊！

（ 原 生 家 族 潜 意 识 里 的 恐 惧 ）

——

认定婆媳不和而彼此防备

"婆媳对立"——认为男人生命中最重要的两个女人一定会争宠，

是一种刻板印象。无论这个印象是否正确，如今小家庭变多，婆媳之争自然也少了许多。

婆婆身为长辈，理应接纳儿媳，不被传统的婆婆角色捆绑。自视辈分高于儿媳，容易用"我对你错"的标准批判儿媳。

婆婆放宽标准，儿媳自然就乐于靠近了。

（ 家 长 成 长 自 我 探 索 ）

我的婆媳关系

①家中有婆媳对立的情况吗？

情况 A: _____

_____

情况 B: _____

_____

②因婆媳关系，我对教育子女产生了哪些想法？

想法 A: _____

_____

想法 B: _____

_____

辗转难眠：
一定要劝和不劝离？

妙琴的儿媳咏晴在媒体公司担任高层主管，偶尔会因为晚上办活动，把两岁的女儿纹纹送到妙琴家。这天晚上，咏晴到婆家准备接走纹纹，但纹纹吵着还要玩。

"好，妈妈等你十分钟，时间到了就要回家哦！"咏晴说道。纹纹点点头，跑向玩具区。

这时，妙琴见咏晴看着她欲言又止，马上明白儿媳有事却不知如何开口，便招呼说："来，坐一会儿也好。"没想到咏晴一坐定，就说出了让妙琴感到震惊的事。咏晴疲惫地说："妈，我和晋诚正在办离婚手续，他告诉你了吗？"

"哦！"妙琴装作初次听闻的样子。其实，两周前晋诚从新加坡出差回来时，已经跟她提过两人正协议离婚的事。当时，她一直劝儿子少安勿躁，别轻易放弃这么优秀的老婆。结果被儿子回嘴道："她是能干、优秀，但你看过她下班后的样子吗？我忙，她比我更忙……"

妙琴只当小夫妻是怄气吵架，这会儿听到儿媳也说出这件事，让她心慌不已。事实上，妙琴自己也想过和老公离婚。老公是有头有脸的人，事业做得相当大，在家也不改在外意气风发的模样，时常嘲讽她："要是靠你那点公务员的死工资，能活多久？"

为了让子女有个完整的家，妙琴忍下了这些语言暴力。直到有一天，她发现老公说是到欧洲拓展业务，实际上却带着女秘书甜蜜度假，她再也咽不下这口气。在老公春风满面踏入家门的那一刻，两人的争吵从此一发不可收拾。

那段时间，伤心欲绝的妙琴曾回娘家诉苦，表示有意结束这场不幸的婚姻。然而，保守的父母反过来劝她："我们这一代哪有人离婚？你也太笨了，钱照拿，日子照过，多少人羡慕你嫁得好。"

对上一代的父母来说，离婚是家门不幸，是见不得人的事。要是被亲戚朋友、左邻右舍知道了，会多么"见笑"！

"道不同，不相为谋"，妙琴不再寻求爸妈的安慰，但她也常常问自己——为什么害怕离婚？思来想去，妙琴找不到答案，便开始参加训练营，终于慢慢找回了自尊。最后，她决定不离婚，而是惩罚第三者，不让对方称心如意。至于背叛她的老公，则将其视为陌生人，不理不睬。

现在，面对决意离婚的儿媳，妙琴不知道说什么好。

咏晴与妙琴成长在不同的时代，眼界不一样，做出的决定也不一样。只见咏晴面无表情地看着妙琴，果断地说："我真的累了，不想和晋诚继续吵下去了。我们的个性完全不合，如果当初不是因为怀了纹纹……"

妙琴看儿媳不可能像自己一样默默疗伤，一时不知如何回应，便赶紧抱起纹纹说："妈妈说的十分钟到了哦！"又钻入纹纹怀里，"哇！好香哦！洗过澡了对不对？"被奶奶逗笑的纹纹甚是可爱，全然不知父母正准备离婚，她的人生也将从此改变。

将纹纹递到儿媳手中后，妙琴匆匆说道："我尊重你的决定。"咏晴睁大眼睛，很讶异婆婆没有挽留，但这样也好，毕竟她心意已决。简短回了一个"嗯"，她就头也不回地带女儿回家了。

"我尊重你的决定。"这句话虽然爽快地说出了口，妙琴当晚还是辗转难眠。听儿媳表示要离婚，做婆婆的如果为儿子、孙女着想，不是该劝和不劝离吗？

"为什么我会说出那样的话？"妙琴来寻求我的协助，想厘清自己的心态。

"儿媳是来请教还是来告知？"我问妙琴。

"她确实不是哭哭啼啼地来求助，是做好决定了吧！以我对她的了解，再多劝也没有用。"

"那么，你自己对他们离婚有什么看法？"

妙琴明白——她会说出那句话，是脱离了婆婆角色，回归"旁观者"角色给予支持。所以，她不必对儿子、儿媳离婚感到内疚。未来的路要怎么走，那是两位成年当事人该自己面对的。另外，妙琴也想通了，不管儿子和咏晴的婚姻关系是否存在，她都可以和他们、孙女维持良好的关系，给他们爱和支持。

妙琴终于能摆脱"说错话"的自责，也找到了自己能为晚辈们做的事。

—

生怕自己影响子女的婚姻

妙琴面对"决意离去"的儿媳，表面上尊重儿媳的决定，事后却懊恼不已、引咎自责，生怕自己在子女离婚一事上推波助澜，对其家庭破裂负有责任。但无论如何，她都没有强势介入，而是放下对婚姻破裂的恐惧，学着聆听儿媳内心的声音，最后用"让孩子自己去面对""放过自己"取代自我谴责，这是正确的做法。

每个人有自己的人生选择，不同时代的人对婚姻的看法也相差甚远。既然是成年子女自己做的决定，父母就要试着接受，同时陪伴孩子面对挫折。

（家 长 成 长 自 我 探 索）

—

婆媳相处只能"上对下"吗？

①在婆媳相处上，身为婆婆有哪些想法？

想法 A: ＿＿＿＿＿＿＿＿＿＿＿＿＿＿＿＿＿＿＿＿＿＿＿

＿＿＿＿＿＿＿＿＿＿＿＿＿＿＿＿＿＿＿＿＿＿＿＿＿＿＿＿

想法 B: ＿＿＿＿＿＿＿＿＿＿＿＿＿＿＿＿＿＿＿＿＿＿＿

＿＿＿＿＿＿＿＿＿＿＿＿＿＿＿＿＿＿＿＿＿＿＿＿＿＿＿＿

②在婆媳相处上，身为儿媳有哪些想法？

想法 A: ＿＿＿＿＿＿＿＿＿＿＿＿＿＿＿＿＿＿＿＿＿＿＿

＿＿＿＿＿＿＿＿＿＿＿＿＿＿＿＿＿＿＿＿＿＿＿＿＿＿＿＿

想法 B: ＿＿＿＿＿＿＿＿＿＿＿＿＿＿＿＿＿＿＿＿＿＿＿

＿＿＿＿＿＿＿＿＿＿＿＿＿＿＿＿＿＿＿＿＿＿＿＿＿＿＿＿

家门不幸：
子女离婚让族人蒙羞？

对祖辈来说，离婚是令家族蒙羞的事，更不准离婚的女儿回娘家；到了父母那一代，离婚仍是说不出口的事。

如今，大家听到夫妻离婚已经习以为常。在离婚率高居不下的社会，夫妻离婚后带子女回老家投靠父母已成为一种常态。

其实，在结婚时，没有人有离婚的想法，多半是因为婚后磨合困难，又各执己见，最终劳燕分飞。

　　离婚的年轻夫妻通常想得不太长远，毕竟眼下要顾好自己的身心不致受创，又要顾好子女不致失学失志，已经很不容易。至于长辈，通常在百般劝阻无用后，不得不接受事实，有的还得提供金钱支援，甚至帮忙照顾孙子孙女。

　　民国初年，有一位女士在被丈夫"休掉"后，不但要在德国求生，还要照顾出生不久还生病的次子，可以说是生不如死。但是，这并没有击倒她。环境让她磨炼出坚毅的性格，也让她淬砺出有别于同时代女性的远见。这位令我佩服不已的人就是张幼仪。

　　张幼仪是诗人徐志摩的第一任妻子，两人因为家族撮合而结婚，但徐志摩从没正眼瞧过张幼仪，甚至为了逃避长辈安排的婚姻，婚后三年就远赴英国留学。

　　独守空闺的张幼仪一个人照顾徐志摩的父母和儿子徐积锴，虽然她到英国找过徐志摩，但夫妻关系并未好转。之后，徐志摩爱上林徽因，于是两人婚姻破裂。离婚后，张幼仪在德国学习幼儿教育，她下定决心，不管发生什么事情，都不要依靠任何人，而要靠自己。后来，张幼仪做到了上海女子商业储蓄银行副总裁的位置，成为呼风唤雨的商场女强人，也把孩子养大成人。

　　这段名人逸事最吸引我的是，当徐积锴决定到美国留学时，身为母亲的张幼仪面临了艰难的抉择。在彻夜未眠的次日早上，她将儿子和儿媳张翠文叫来，说出她的决定。

　　张幼仪劝说儿子和儿媳一起留学。当年，她因为学识和徐志摩不匹配而吃尽苦头，也因为两人分隔两地而情分淡薄；如今，如果儿子一个人出国留学，往后极有可能重演夫妻分居、感情生变的悲剧。张幼仪明白——成全儿媳才能成全儿子。因此，她告诉儿子、儿媳："你们一起去美国留学，我来照顾孩子吧！"

　　张幼仪果真接手养育三个孙女和一个孙子。后来，孙辈个个杰出，儿子和儿媳也分别在美国取得博士、硕士学位，一家人成就非凡。

　　其实，张翠文在没有嫁给徐积锴前，张幼仪便积极培养未来儿媳，聘请家教，让她学习各种课程，提升个人素养。所以，当张翠文和徐积锴一起留学美国时，两人在思想交流上没有什么隔阂。张幼仪经历过离婚之苦，不希望儿子重蹈覆辙，也不希望儿媳跟她一样受委屈，更不希望孙子孙女经受分离的折磨。

　　大多数人接手隔代教育责任时自顾不暇，也无可奈何。张幼仪却以儿媳的幸福为出发点，最后造就了一个幸福的家庭。

　　那个彻夜未眠的夜里，张幼仪想了什么我们不得而知。但是，隔天早上她说出改变子孙命运的一番话，彰显了她身为长辈的远见和格局。沉吟之余，我们有学到什么吗？

（ 原 生 家 族 潜 意 识 里 的 恐 惧 ）

认为子女离婚会让祖先蒙羞

很多年长的人仍抱有"离婚丢脸"的观念，有些思想保守的父母还会怪罪女儿离婚让祖先蒙羞，让父母在亲友邻里间抬不起头，这使得一些子女深陷痛苦婚姻而不能脱身。然而，两个不快乐的人如何能陪子女一起健全成长？离婚是不得已而为之的最终手段。

要避免离婚，婚前就要慎选伴侣，婚后两人在观念和生活习惯上也要多多协调。婚后仍有许多必修课程，不管婚前和对方多么相知相惜，也要有这样的心理准备。万一走上离婚之路，除了在心态和经济上要努力重整之外，陪伴子女安然度过适应期也很重要。

（ 家 长 成 长 自 我 探 索 ）

如何看待离婚？

①族人对离婚有哪些观点？

观点 A: _____

_____

观点 B: _____

_____

②我对离婚的哪些观点影响到了子女？

观点 A: _____

_____

观点 B: _____

_____

祖训约束：
子女心事知多少？

　　长辈常慨叹子女不懂事，相处时经常发生矛盾，然而，以下子女的心声，长辈又了解多少呢？

　　①如果夫妻不和，我们会自己处理，不希望长辈过多插手，或找亲家出面。

　　②刚给过赡养费，不要又以各种名目（房屋要修缮、要装假牙、要添家具等）要钱。

　　③怎么教孩子，我们夫妻自有办法，长辈最好少说几句，不然夫妻私底下又要吵架了。

④夫妻有一人暂时没工作，我们自有方法共渡难关，长辈不要问东问西。

⑤我已经是成年人了，我的身体自己负责。不要建议吃补品，或者要求去体检。

⑥请别再说"不结婚，以后老了谁照顾"这样的话。

⑦我对投资自有规划，不必为我担心。

⑧老婆有本事，赚钱能力强，我愿意留在家里照顾孩子，长辈不要再用"男主外，女主内"那套来规劝。

⑨婚前，我们说好了不要孩子，请长辈给我们祝福。

⑩夫妻已经说好各顾各的父母，如果另一半没有一起回来问候，请多体谅。

各位为人父母者，以上十项你们能全数理解吗？我们常说子女有投票权就是成人，该自己负责自己的人生了。事实上，多数长辈对待晚辈像待幼儿般，总是怕他们吃亏、受苦，因而为他们承担压力、解决问题。这时，问题就出现了。

一位网友通过脸书发私信问我："我儿子年近四十岁，只知道工作，催他结婚，反倒被他回嘴：'谁说一定要结婚？'我该怎么办？"

另一位听友在广播节目中问道："儿子辞去工作，回家做'主夫'，说是要让儿媳出去闯一闯，听得我心惊胆战。怎么会这样？"

韩国卖座电影《82 年生的金智英》有一幕令人印象深刻，强势的婆婆对着手机那头的儿媳大骂："我儿子赚的钱比你多，凭什么他要辞职留在家带小孩，而你却可以去上班？"通话结束后，儿媳崩溃流泪，心情郁闷。

长辈心理包袱多，常对晚辈有意见。例如：儿子不婚，无后为大，对不起祖先；女儿抛头露面会找不到好婆家；要帮忙存好子女的钱，以免他们老了穷困潦倒；离婚会遭亲友议论，万万不可……

从小在宗族里生活，听过许多家规庭训，耳濡目染之余，也把这些"担心""忧虑"深藏在潜意识里了。当自己成为长辈时，这些念头就会跑出来约束晚辈。

良好、合理的观念，当然值得保留、传承；如果不合时宜，就得适当改变。

我有一位好友在退休后过着惬意的日子，我发现她很少为晚辈的事忧心，原来她把握了三个原则：

①不问东问西
②不过度干涉
③不妄下定论

当有晚辈说长道短时，她都一律回应："是这样啊！"便就此打住。她提醒自己"绝不要往下问"，不要说："怎么会这样？是谁搞鬼？你打算怎么处理？"她乐意听晚辈说心事，至于要如何解决问题，则让他们自己决定。

"这样耳根清净多了！"这位好友曾卷入手足争夺父母遗产之事，之后她就变了，"家族里有太多说不清的误会，而且大家各有自己的立场，不如到我这里就打住。"

我懂了，除非晚辈来请教，否则长辈就要遵循上述三个原则，避免反应过度，说出批评、怀疑或担心的话。

一般人都期待晚辈懂事，顺从长辈的意见。其实长辈也可以学着"懂事"——懂得世事多变化，理解晚辈，多引导和支持。

我听过一个案例，可供大家学习。一个已婚男人向妈妈告状，说老婆三天两头就到海外出差，家务也不做，害得孩子只能吃快餐……

结果，这位妈妈反倒教训儿子说："你们的房屋贷款、孩子的学费，她都在帮忙承担。她也在养家，你要体谅她，她不做家务就由你来做，你也可以照顾孩子啊！"

这位婆婆说得真好，儿子从此不再抱怨。后来，这位儿媳告诉我："幸好婆婆懂我，替我出了一口气！"

（原 生 家 族 潜 意 识 里 的 恐 惧）

——

长辈之意不可违逆

"祖训约束"是长辈以过来人的心态要求子女遵守的一些规则。然而，有些深藏在长辈潜意识里的恐惧不合时宜，如果硬要以此要求后辈，只会导致亲子、祖孙之间误会连连。例如："不听老人言，吃亏在眼前""不孝有三，无后为大""一生不婚，死后谁来祭拜"。

当然，美好的德行要世代相传，但不符合时代的价值观要重新评估。

（家 长 成 长 自 我 探 索）

——

祖训与我的婚姻观

哪些来自家族祖训的观念影响了我对另一半的态度？

观念 A：＿＿＿＿＿＿＿＿＿＿＿＿＿＿＿＿＿＿＿＿＿＿＿＿＿

＿＿＿＿＿＿＿＿＿＿＿＿＿＿＿＿＿＿＿＿＿＿＿＿＿＿＿＿＿＿＿

观念 B: _____

_____

_____

无形印记:
世代传承的人生梦想

不少人一出生就背负起家族的重担,当个人的天赋志趣与家族期待不符时,通常会和长辈对抗一生,却不知长辈早已陷入原生家族潜意识里的恐惧旋涡,他们自己也深受影响。

从福建漳州来台湾鹿港落脚前,外公是一个吃苦耐劳的小学徒。虽然没读过什么书,却天资聪颖。后来他在镇上开了一家药店,生意红火,因此致富。

小时候返乡,我常见到外公在药店门边的桌上与人对弈。外公棋艺高超，赢得美名，但我揣测他心中更在意的是——如果家中能有个悬壶济世的医生继承家业，岂不美哉？

因此，五个舅舅先后都被送往日本留学，连大姨母也曾去国外学医，回来后在镇上开药店。如果不是战争爆发，我妈妈也极有可能赴日留学。战争改变了许多人的命运，妈妈念到彰化女中二年级时，因为爸爸上门提亲就早早结婚了。

妈妈虽然离开了娘家，潜意识里仍留存了外公的梦想，她自己无法求学当医生，总能让子女来实现她的梦想吧？

妈妈的侄甥辈沿袭家族（我的舅舅、姨母们）的医生志向，很多去了医学院上学。外公为了奖励子孙学医，宣布只要考上医学院，立刻拨款两万元作为奖学金。在五十多年前，这可是一笔巨款啊！妈妈无形中受到家族的影响，一方面渴望得到外公的赞许，一方面也期待子女中有人可以获得这笔奖学金。

五个兄弟姐妹中，我完全没有学医的念头。不，应该说我的数理逻辑不佳，和医学沾不上边。最会念书的二弟成了妈妈最后的寄托。但是，二弟选择了建筑系，妈妈在亲族中扬眉吐气地说："我二儿子是留学日本的建筑师。"

"留学日本"四个字她念得特别清晰。

小学徒出身的外公，他的财富、梦想确实栽培出了三代医生，说不定还会延续。

舅舅、姨母们当医生，他们的孩子也有不少是医生，这些表弟、表妹的子女学医的也多，不是在医院工作，就是自己开药店。有的表妹学护理，有的表妹还嫁给医生，总归是和医学沾边。

在一代接一代的教育中，长辈的想法和行为逐渐淡出人们的记忆，但这些无形印记是不会消失的，它们成为"原生家族潜意识"的源头。

我很好奇这些亲戚们快乐吗？他们有想过自己学医的初衷吗？他们知道外公在一百年前还是小学徒时的念头影响了他们一生吗？他们对从事家族事业是甘之如饴，还是渴望逃离呢？

我曾问妈妈："如果你的孩子没有学医的，你会不会感到遗憾？"

"别问这个！"妈妈果断回道，那是深藏在她内心深处的失落，我的问题有些唐突失礼了。

外公的梦想一定要成为子孙的梦想吗？虽然我们兄弟姐妹没有人成为医生，但是家族潜意识的威力依然巨大——妈妈这个家族终于有人当医生了。

我的弟弟到美国创业备尝艰辛，因而常对两个年幼的女儿说："你们应该学医，将来可以养活自己。"二十多年后，两个女儿陆续从医学系毕业，去医院工作。他可能没想到自己对两个女儿说的话，其实源于当年外公潜意识里的恐惧（当医生一定不会饿死）。

外公当小学徒时潜意识里的恐惧变成人生梦想，希望子孙中多一些人学医，这样就可以救人性命，可以有受人尊敬的社会地位，可以创造家族财富……

外公的梦想进入子女心中，妈妈当然也被潜移默化影响了。在教育我们的过程中，让我们感受到她的渴望和期许。虽然我们做不到，但是我弟弟在不知不觉中把外公、妈妈一脉相传的期许，又传递到自己的两个女儿身上。

可惜的是，妈妈在 2012 年过世了。不然，在亲友相聚的场合，她一定可以抬头挺胸地说："我们家也有两位医生呢！"

（原 生 家 族 潜 意 识 里 的 恐 惧）

——

因自己曾颠沛流离，便要子孙求安稳

祖先经历战乱、迁徙等种种变迁后，颠沛流离、窘迫不安的深刻记忆就会烙印在潜意识深处，形成"无形印记"。

有些长辈及时察觉，烙在心里的恐惧、担心，在世代交替时传给后代；但有些长辈认为是为子孙好，因而用书写或口述等方式留下了个人期望。

这些期望或许能传承下来，或许在岁月更迭中不知不觉就消失了。

（ 家 长 成 长 自 我 探 索 ）

祖辈的生存恐惧

①祖辈有哪些观念影响了我的人生规划？

观念 A: _____

_____

观念 B: _____

_____

②家族有哪些观念影响了我看待子女的人生规划？

观念 A: ＿＿＿＿＿＿＿＿＿＿＿＿＿＿＿＿＿＿＿＿＿＿

＿＿＿＿＿＿＿＿＿＿＿＿＿＿＿＿＿＿＿＿＿＿＿＿

观念 B: ＿＿＿＿＿＿＿＿＿＿＿＿＿＿＿＿＿＿＿＿＿＿

＿＿＿＿＿＿＿＿＿＿＿＿＿＿＿＿＿＿＿＿＿＿＿＿

PART

集体潜意识里的恐惧

生活中充斥着"以讹传讹""自以为是"的想法，

有些出于不自知的恐惧，

我们却深受影响。

集体潜意识：
你有过莫名的恐惧吗？

教育子女时，除了会受到"个人潜意识里的恐惧""原生家庭潜意识里的恐惧"和"原生家族潜意识里的恐惧"影响，也会受到"集体潜意识里的恐惧"影响。

瑞士心理学家荣格认为："集体潜意识是人格结构最底层的无意识，包括祖先在内的世世代代的活动方式和经验的遗传痕迹。集体潜意识和个人潜意识的区别在于：它不是被遗忘的部分，而是我们一直都意识不到的东西。"

荣格曾用岛打比方：露出水面的那些小岛，是人能感知到的意识；时而显露时而隐于潮下的部分，是个人无意识；而岛的最底层即基地的海床，是集体潜意识。

作为一个人，要时刻注意自己的言行举止并不容易，更遑论与他人相处时察觉自己是否说了违心的话、做了令人伤心的事，或是压抑情绪，不敢坦然沟通。

从小我们受到的"意识教育"就不足，即便在个人意识上有所觉醒，对原生家庭、原生家族、社会环境暗示造成的潜意识里的恐惧，多半仍是一知半解。尤其是对"集体潜意识"，我们时常忘记它们的存在，却又真实地被影响着。

请注意荣格所提醒的"集体潜意识不是被遗忘的部分，而是我们一直都意识不到的东西"。既然是"意识不到的东西"，那么追究起来就更难上加难了。

自我确认

你有过莫名的恐惧吗？那些从个人潜意识、原生家庭潜意识或原生家族潜意识中都完全找不到根源的恐惧，可能是社会环境造成的。

下面我将列出十项"生活方面"和十项"教育方面"的集体潜意识

里的恐惧，让各位读者进行自我确认，看看自己是否受到了影响。

生活方面

① 贫穷会世袭

　□ Yes　□ No

②（年龄）逢九必凶

　□ Yes　□ No

③ 瘦才是美

　□ Yes　□ No

④ 遗传病逃不过

　□ Yes　□ No

⑤ 高处不胜寒

　□ Yes　□ No

⑥ 富不过三代

　□ Yes　□ No

⑦ 笑贫不笑娼

　□ Yes　□ No

⑧ 财不露白

☐ Yes ☐ No

⑨ 姐弟恋难以持久

☐ Yes ☐ No

⑩ 活得越久，得老年痴呆的概率越高

☐ Yes ☐ No

其他：_____

_____

教育方面

① 孩子不能输在起跑线上

☐ Yes ☐ No

② 虎父无犬子

☐ Yes ☐ No

③ 万般皆下品，唯有读书高

☐ Yes ☐ No

④ 文凭至上

　　☐ Yes　　☐ No

⑤ 名校才能栽培高才生

　　☐ Yes　　☐ No

⑥ 养不教父之过

　　☐ Yes　　☐ No

⑦ 儿子要穷着养

　　☐ Yes　　☐ No

⑧ 女儿要富着养

　　☐ Yes　　☐ No

⑨ 名落孙山，万劫不复

　　☐ Yes　　☐ No

⑩ 男孩不能"娘娘腔"

　　☐ Yes　　☐ No

其他：＿＿＿＿＿＿＿＿＿＿＿＿＿＿＿＿＿＿＿＿＿＿＿＿＿＿

＿＿＿＿＿＿＿＿＿＿＿＿＿＿＿＿＿＿＿＿＿＿＿＿＿＿＿＿＿＿＿

　　以上仅列出部分集体潜意识里的恐惧，各位读者仍可找到其他"生活方面"或"教育方面"的例子。这些思维和教育方式受到各种因素的影响，例如：民族习性、社区氛围、新闻事件、宗教信仰、时代更替等。我们习以为常，但只有认真思考，才能在陪伴子女成长的过程中摆脱这些集体潜意识里的恐惧，教育出健康、乐观、乐于助人的孩子。

　　接下来，我将以两篇文章为例，让各位父母试着探索集体潜意识里的恐惧，并且在陪伴子女成长的路上放下不必要的莫名恐惧。

　　没错，有些莫名的恐惧可能就是荣格所说的"我们一直都意识不到的东西"（集体潜意识里的恐惧、世世代代的生命经验）。及早察觉，及早自我调整，才能减少家人之间的摩擦。

睡眠障碍：
不早睡会头痛？

有一次我在一家幼儿园演讲时，家长们带着孩子聚集在校内操场，很是热闹。

当我问起："最近惹爸爸妈妈不高兴的小朋友，请站到前面来。"有一对可爱的兄弟立刻跑上前来，一个约五岁，一个约三岁，哥哥指着头顶说："我不乖乖睡觉，妈妈生气，说我这样会头痛。"站在一旁眼睛滴溜溜转的弟弟依样画葫芦地说："我会头痛！"

一定要早睡早起？

我听完心想：这可不得了！于是立刻询问他们的妈妈事情原委。一位约三十岁的妈妈尴尬地说："看他们不好好睡，一直闹，我就说一些话吓他们。"

"早睡早起当然是好习惯。但是，为什么要跟孩子说晚睡会头痛呢？"

"我也不知道，可能听有人这么说过吧！"年轻妈妈如实说道，并没察觉自己的说法无凭无据，大概是没想到自己受到了集体潜意识影响。

如前所述，心理学家荣格认为集体潜意识包括祖先的活动方式和经验，但它也并非是血脉相传的。这些在各个民族、社群中自然形成的想法，深植在个人价值观里，个体却不一定清楚来源。如今，通讯发达，交通便捷，全球各地的人通过网络进行交流，又产生了许多新的集体潜意识。

这位年轻妈妈可能是从报纸杂志或电视新闻等，接收到社会环境暗示，因而形成了一种集体潜意识——早睡早起身体好，否则就可能会头痛或伤身。因此，晚上入睡前，如果对两个儿子的吵闹无计可施，她就会出言吓唬。

　　两个儿子正值懵懵懂懂的年纪，尚未具备足够的认知能力。起初听到这些话只是半信半疑，还会当作玩笑，但听久了，这样的想法就会深植于潜意识中，那就不容小觑了。

　　当场，我告诉小兄弟俩："你们去秋千那里玩吧！记住不要说'我会头痛'，要说'我很健康，我很好'。半小时后再回到这里，好吗？"

　　听了我的分析后，年轻妈妈心生警惕，也愿意接受建议。看两个活泼可爱的儿子欢欣鼓舞地奔向游乐场，年轻妈妈笑逐颜开："吴老师，我懂你的意思了，我要改变说法，不给孩子错误暗示。"

　　"太好了！"我赞许她能快速领悟，现场的家长们也借此见识到集体潜意识在亲子关系里的威力。

能载舟也能覆舟的集体潜意识

　　所谓的集体潜意识，其中多少有着原生家庭的影子，而在社会群体中产生的居多。例如：网络游戏打多了会成瘾；这个时代养儿不能防老；子女不婚不育，家长也无可奈何；患阿尔茨海默病的人越来越多，有一天会不会轮到自己？

集体潜意识并非全都是负面的，例如：尊重子女的自由意志，鼓励他们探索自己、做自己，或是女儿一样要好好栽培等，这些新时代的集体潜意识就是正向积极的。

我们对人生的选择多少受到集体潜意识的影响，即便当下少有察觉，等长大后也会发现这些烙印在心的集体潜意识。以我为例，十岁起便喜欢阅读世界名著和名人传记，无形中吸收了许多力争上游之士的思维和作风。毕业后，我担任中学教师、报社主编，去电视台、企业机构工作，又到美国留学。此刻回想起来，这一切可能跟我在阅读中潜移默化受到的影响有关。我从中接收到的集体潜意识——人要不断地突破自我，让我一再挑战自己、超越自己。

我误打误撞，受到集体潜意识的积极影响，可以说是非常幸运。然而，那两个孩子就需要别人及时拉一把了。半小时后，他们蹦蹦跳跳地回到演说现场，一路念着："我很健康，我很好！"家长们忍不住鼓掌欢迎他们，真庆幸一切都还来得及！

家族遗传：
儿孙何去何从？

"刚从爸妈家回到自己家，看到上大二的儿子忙着打游戏，上高二的女儿躲在房间手舞足蹈地听音乐，我差点气炸。陪妈妈照顾患有阿尔茨海默病的爸爸要多累就多累，回到家也没人安慰、关心，更别提有人帮忙做家务了。至于老公，还在公司加班没回来……"

以上是许多现代家庭的写照。当高龄老人逐日增多，阿尔茨海默病海啸也逐渐席卷世界各地。就台湾地区而言，目前六十五岁以上的人口中，每十二人中就有一人患阿尔茨海默病；八十岁以上则是每五人之中有一人患阿尔茨海默病。业界不少书籍、电影以此为题材，就是希望引起社会各界的关注和预防。

随着阿尔茨海默病病情的发展，患者会逐渐出现性情大变、行为反常和生活能力退化等症状。长辈在对抗失智失能的时候，晚一辈的子女（大约四十岁至六十岁），或晚两辈的孙子女（大约二十岁至四十岁），也很难置身事外。

患者家人切身体会到阿尔茨海默病给患者、家庭带来的巨变，潜意识里或多或少会担心病魔也找上自己；家族中有人患病，也会因为亲戚谈及患病时的愁眉不展、唉声叹气，而感受到阿尔茨海默病的可怕；即便身边没有阿尔茨海默病患者，也会从各大媒体接收到阿尔茨海默病的相关信息，如照顾者因不堪各方面的压力而走上绝路的新闻，因而对阿尔茨海默病有了集体潜意识恐惧。

有句话说得好："知识可以破除迷思，行动可以治愈恐惧。"如果要保护晚辈不受集体潜意识的影响，尽早让他们了解防治阿尔茨海默病的办法，或者帮忙照顾患者才是上策。

把困境变成人生的礼物

在我带领的成长团体中，有位学员彩霞分享了她照顾患有阿尔茨海默病老公的经验，非常值得大家参考。

　　彩霞每两周会召开一次家庭会议，邀请两个儿子、两个儿媳和孙子们聚集在家里的客厅。她会先感谢大家给她的支持，并说明老公的最新情况，然后说出自己需要的帮助，请家人们商量出可以提供的帮助。

　　有一回，五岁的小孙女跑过来抱住她，说："奶奶，小时候爷爷好疼我，现在谢谢奶奶帮我照顾爷爷！"

　　并没有人教小女孩这样说，可能是因为她看到大人们积极自发地关心爷爷，多少有些感触。彩霞还说："老公患阿尔茨海默病住院后，有很多不便，但看到大家热心帮助我们，我再辛苦也值得了。"

　　这是用行动消除集体潜意识恐惧的典型范例。彩霞发现大儿子开始注意饮食上少油少盐，二儿媳也常带着孩子到医院探望爷爷，十四岁的长孙在放假时还会陪爷爷聊天说笑。

　　"我老公好像神游到了另一个国度，只会傻笑，但家族里没有一个人闪躲。"

　　这是多么美好的生命体验啊！全家一起陪伴长辈面对疾病。

在行动中破除恐惧

过去，照顾患有阿尔茨海默病长辈的重任往往落在女性身上。然而，只让女性挑起如此重担，全家会失去学着面对变故、承担责任等机会。

如果你是阿尔茨海默病患者的主要照顾者，可以从以下四个方向引导家人参与：

①请求分担家务。比如，你可以告诉家人，你从医院回到家，希望能吃上热饭，而不必拖着疲累的身体做饭；或者，你可以请家人帮忙洗碗、洗衣、扫地、拖地，有些小孩子也做得了。让家人分担压力，他们也能学着体贴和负责。

②一起讨论阿尔茨海默病话题。比如，可以和家人共同探讨最新的医疗技术、人性化的照料方式、社区阿尔茨海默病患者的日托趋势等，让大家一起关注话题。

③表达内心的失落。照料患者往往心有余而力不足，因为患者大脑退化，有的还会疑神疑鬼、大声怒骂，时常令照顾者感到受挫。这种失落感可以让儿孙知道，让大家学会体谅，而不是只做自己的事。

④消除对生老病死的恐惧。让儿孙怀着感恩的心情，了解当年患病长辈对家庭的贡献，也懂得生老病死的必然，从而更加珍惜生命。

总之，关于阿尔茨海默病患者的照顾，如果能让晚辈为患者尽点心力，他们对阿尔茨海默病的恐惧自然会减轻。